মন্ত্র তন্ত্র বিজ্ঞান (আধ্যাত্মিক ও জাগতিক সুখ লাভের গুপ্ত বিদ্যা)

আচার্য সোমেশ্বরনাথ শাস্ত্রী

ISBN 978-93-5610-329-0
© Acharya Someshwarnath Shastri 2022
Published in India 2022 by Pencil

A brand of

One Point Six Technologies Pvt. Ltd.
123, Building J2, Shram Seva Premises,
Wadala Truck Terminal, Wadala (E)
Mumbai 400037, Maharashtra, INDIA
E connect@thepencilapp.com
W www.thepencilapp.com

DISCLAIMER: *The opinions expressed in this book are those of the authors and do not purport to reflect the views of the Publisher.*

Author biography

লেখক একজন অবসরপ্রাপ্ত অধ্যাপক, জ্যোতিষী এবং যোগী। তিনি তন্ত্র, মন্ত্র এবং যোগ পদ্ধতির সন্ধানে ভারত, নেপাল এবং তিব্বতের বিভিন্ন দূরবর্তী স্থান ভ্রমণ করেছেন। তিনি হিন্দু ধর্ম ও তন্ত্রের বিভিন্ন গোপন রহস্য দেখার চেষ্টা করেছেন এবং কিছু গোপন ব্যবহারিক পদ্ধতি এবং মন্ত্র উন্মোচন করেছেন যার দ্বারা কেউ এই পৃথিবীতে মুক্তি ও সমৃদ্ধি অর্জন করতে পারে।

CONTENTS

লেখক পরিচিতি

লেখক একজন অবসরপ্রাপ্ত অধ্যাপক, জ্যোতিষী এবং যোগী। তিনি তন্ত্র, মন্ত্র এবং যোগ পদ্ধতির সন্ধানে ভারত, নেপাল এবং তিব্বতের বিভিন্ন দূরবর্তী স্থান ভ্রমণ করেছেন। তিনি হিন্দু ধর্ম ও তন্ত্রের বিভিন্ন গোপন রহস্য দেখার চেষ্টা করেছেন এবং কিছু গোপন ব্যবহারিক পদ্ধতি এবং মন্ত্র উন্মোচন করেছেন যার দ্বারা কেউ এই পৃথিবীতে মুক্তি ও সমৃদ্ধি অর্জন করতে পারে।

গায়ত্রী মন্ত্র রহস্য

মন্ত্র নিছক শব্দের সংগ্রহ নয়। এটি প্রচুর গুরুত্ব সহ গর্ভবতী শব্দগুলির একটি যৌগিক গঠন। এটি মানুষের অন্তর্নিহিত শক্তি থেকে উদ্ভূত হয়। এই ধরনের শক্তিতে পরিপূর্ণ, মন্ত্রটি, যখন এটি সঠিকভাবে উচ্চারণ করা হয়, তখন মানুষের মধ্যে ঐশ্বরিক শক্তি বের হয়। মহাবিশ্বের মহাজাগতিক নাদ (প্রাথমিক শব্দ) এর সাথে একত্রিত হয়ে মন্ত্র উচ্চারণের দ্বারা উৎপাদিত কম্পনগুলি সর্বজনীন চেতনার সাথে এক হয়ে যায়। এই মহাজাগতিক কম্পনগুলিই বেদ (আধ্যাত্মিক জ্ঞানের পবিত্র প্রকাশ) রূপ ধারণ করেছে।

গায়ত্রী মন্ত্র - একটি সর্বজনীন প্রার্থনা

ওম ভুর ভুবঃ স্বঃ তাত-সবিতুর বরেণ্যং ভার্গো দেবস্য ধীমাহি ধীয়ো যোনাঃ প্রচোদয়াৎ

সাধারণ অর্থ: আমরা সেই পরম আরাধ্য পরমেশ্বর ভগবানকে ধ্যান করি, সৃষ্টিকর্তা, যার দীপ্তি (ঐশ্বরিক

আলো) সমস্ত রাজ্যকে (শারীরিক, মানসিক এবং আধ্যাত্মিক) আলোকিত করে। এই ঐশ্বরিক আলো আমাদের বুদ্ধিকে আলোকিত করুক।

জপ ফলাফল:গায়ত্রীর ধ্যানের মাধ্যমে, কেউ পাঁচটি উপাদানের অভ্যন্তরীণ অনুপ্রেরণামূলক নীতি সম্পর্কে সচেতন হতে পারে, মানবদেহে পাঁচটি অত্যাবশ্যক বায়ু এবং আত্মাকে ঘিরে থাকা পাঁচটি আবরণ। যেমন তিনটি মৌলিক শক্তি রয়েছে যা মানুষকে নিয়ন্ত্রণ করে--- দৈহিক, আধিভৌতিক এবং মানসিক, আধি-ভৌতিক, আধি-দৈবিক এবং আধি-আত্মিক, গায়ত্রীর তিনটি দিক রয়েছে, গায়ত্রী, সাবিত্রী এবং সরস্বতী। গায়ত্রী আধিভৌতিক, সাবিত্রী, দৈহিক, এবং সরস্বতী, মনস্তাত্ত্বিক। এই তিনটি করণ বা যন্ত্রকে শুদ্ধ ও পরম করতে হবে যাতে মানুষ জীবনের লক্ষ্য উপলব্ধি করতে পারে। গায়ত্রী মন্ত্র পাঠ এবং তার উপর ধ্যানের মাধ্যমে, এই মহান কাজটি অর্জন করা যেতে পারে।আপনি যেখানেই থাকুন না কেন এটি আপনাকে ক্ষতি থেকে রক্ষা করবে -- ভ্রমণ, কাজ বা বাড়িতে। পশ্চিমারা এই মন্ত্র দ্বারা উত্পাদিত কম্পনগুলি অনুসন্ধান করেছে এবং দেখেছে যে যখন এটি বেদে বর্ণিত সঠিক উচ্চারণে পাঠ করা হয়, তখন চারপাশের পরিবেশ দৃশ্যমানভাবে আলোকিত হয়। সুতরাং ব্রহ্ম-প্রকাশ, ঐশ্বরিক শক্তি, আপনার উপর অবতরণ করবে এবং আপনার বুদ্ধিকে আলোকিত করবে এবং এই মন্ত্রটি জপ করলে আপনার পথ আলোকিত করবে। এছাড়াও শেষে তিনবার শান্তির

পুনরাবৃত্তি করুন, কারণ সেই পুনরাবৃত্তি আপনার মধ্যে তিনটি সত্ত্বাকে শান্তি বা শান্তি দেবে -- শরীর, মন এবং আত্মা।

গায়ত্রী বেদে নিহিত একটি সর্বজনীন প্রার্থনা। এটি অবিশ্বস্ত এবং অতীন্দ্রিয় ঈশ্বরকে সম্বোধন করা হয়েছে যাকে 'সবিতা' নাম দেওয়া হয়েছে, যার অর্থ 'যা থেকে এই সমস্ত কিছুর জন্ম হয়েছে।' গায়ত্রীর তিনটি অংশ হিসাবে বিবেচিত হতে পারে - (i) আরাধনা (ii) ধ্যান (iii) প্রার্থনা। প্রথমে, ঈশ্বরের প্রশংসা করা হয়, তারপরে এটিকে শ্রদ্ধার সাথে ধ্যান করা হয় এবং অবশেষে, মানুষের বৈষম্যহীন অনুষদ, বুদ্ধিকে জাগ্রত ও শক্তিশালী করার জন্য ঈশ্বরের কাছে একটি আবেদন করা হয়। গায়ত্রীকে বেদের সারমর্ম হিসাবে বিবেচনা করা হয়। বেদ মানে জ্ঞান, এবং এই প্রার্থনা জ্ঞান-উৎপাদনকারী অনুষদকে লালন ও তীক্ষ্ণ করে। প্রকৃতপক্ষে, চারটি বেদে নিহিত চারটি মূল-ঘোষণা এই গায়ত্রী মন্ত্রে নিহিত রয়েছে।

জপ করার প্রক্রিয়া:জপ কম বা বেশি করা উচিত নয়। প্রতিদিনের নির্দিষ্ট সংখ্যা আপনার সামর্থ্য অনুযায়ী জপ করা উচিত

প্রথম এবং সর্বাগ্রে, কি কারণ যা আমাদের বলে যে গায়ত্রী মন্ত্র উচ্চস্বরে বা লাউড স্পীকারে জপ করা উচিত

নয়। কেন প্রাচীন ঋষিরা এতে বিশ্বাস করতেন? এই বিশ্বাসের রহস্য আসলে অতীন্দ্রিয় কিছু নয় কিন্তু খুব সহজ। কারণ হল দেবী

গায়ত্রী সকল মন্ত্রের মা। তাই, মা হয়ে আমরা উচ্চস্বরে মন্ত্র জপ না করে তাকে আমাদের শ্রদ্ধা জানাই। বাস্তব জীবনে একইভাবে, আমাদের শৈশবকালে, কেউ যদি আমাদের মায়ের নাম বা আমাদের মা ডাকার বিষয়ে জিজ্ঞাসা করে, আমরা সাধারণত রাগ বা হতাশ হতাম। কারণ কেউ চায় না যে আমাদের মায়ের নাম ধরে ডাকুক। কারণ, আমরা যদি ডাকি, আমরা চাই না অন্যরা আমাদের মাকে নিয়ে মজা করুক। এই কারণেই গায়ত্রী মন্ত্র উচ্চস্বরে জপ করা উচিত নয়। কারণ কেউ যদি আমাদের জিজ্ঞেস করে, আপনার বাবার নাম কী,

আমরা সেই ব্যক্তিকে উচ্চস্বরে বলতাম, তবে আমরা আমাদের মায়ের নাম বলতে দ্বিধা করতাম। একজন মা সর্বদা আমাদের হৃদয়ে রাখার জন্য আছেন এবং আমরা তাকে সম্ভাব্য সব উপায়ে রক্ষা করি। এই কারণেই আমাদের প্রাচীন ঋষিরা বলেছেন যে মায়ের নাম উচ্চস্বরে বলা উচিত নয়। কারণ গায়ত্রী মন্ত্রও সকল মন্ত্রের জননী। আমরা সবাই হয়তো আমাদের শৈশবের প্রথম দিকেই যজ্ঞ পবিত সংস্কর করেছি যেখানে একটি কিশোর ছেলে একটি কঠোর বৈদিক আচার পালন করে যেখানে তাকে অবশ্যই সূর্য দেবকে জল দিতে হবে, হিন্দু দেবতাদের কাছে নিয়মিত প্রার্থনা করতে হবে এবং নিয়মিত গায়ত্রী মন্ত্র জপ করতে হবে। সে তার আচার ভঙ্গ করতে পারে না এবং যদি সে করে তবে তার উচিত শুরু থেকেই আচারগুলো শুরু করা। এমনকি মহিলারাও যজ্ঞ পবিত সংস্কার করতে পারেন তবে, বলা হয় যে মহিলাদের বা মেয়েদেরকে যজ্ঞ পবিত্র সংস্কার করার পরামর্শ দেওয়া হয় না এবং এখানে আমাদের প্রাচীন ঋষিরা বলেছেন যে তাদেরও গায়ত্রী মন্ত্র জপ করা উচিত নয়। এমন নয় যে মেয়েদের গায়ত্রী মন্ত্র জপ করতে নিষেধ করা হয়েছে। গায়ত্রী মন্ত্রের প্রকৃতি এবং প্রভাবের কারণেই একজন ব্যক্তির উপর আমাদের প্রাচীন ঋষিরা বলেছিলেন যে অল্পবয়সী মেয়েদের মন্ত্র জপ করা উচিত নয়। এখন কেন চল্লিশ বছরের কম বয়সী মেয়েরা এবং মহিলাদের গায়ত্রী মন্ত্র জপ করা উচিত নয় তার পিছনে একটি শক্তিশালী যুক্তি রয়েছে। যজ্ঞ পবিত্র সংস্কারে, একজন ব্যক্তিকে তার জীবনে অনেক দায়িত্ব দেওয়া হয়। যেমন সূর্য দেবকে জল নিবেদন করা যা তাকে

প্রতিদিন করতে হবে। তাদের অবশ্যই নির্দিষ্ট বৈদিক আচার-অনুষ্ঠান করতে হবে এবং নিয়মিত গায়ত্রী মন্ত্র জপ করতে হবে এবং ধারাটি ভাঙতে হবে না। এখন, মন্ত্র জপের অর্থ হল মন্ত্রের শক্তি ও অর্থ দিয়ে আত্মা, শরীর এবং মনকে জাগ্রত করা। যেকোন মন্ত্র, আপনি যদি নিয়মিত জপ করা শুরু করেন তবে এটি আপনার আত্মা, শরীর এবং মনকে শক্তি ও জাগ্রত করবে। আপনি যদি বারবার গায়ত্রী মন্ত্র জপ করতে থাকেন তবে আপনি একটি বিন্দু বা সিদ্ধ অবস্থাতে পৌঁছে যাবেন। এর মানে হল যে মন্ত্র এখন আপনাকে ফলাফল দিতে শুরু করবে। গায়ত্রী মন্ত্রের অর্থ হল আমাদের সত্যের পথে নিয়ে যাওয়া। সত্য হল "মোক্ষ", মুক্তি এবং জন্ম-মৃত্যুর চক্র থেকে মুক্তি। আমাদের প্রাচীন ঋষিদের দৃষ্টিতে, নারীকে "মহান" বা "মহান সত্ত্বা" হিসাবে গণ্য করা হয়। তারা নারীকে "বাড়ি" মনে করত। কারণ একজন মানুষকে নিয়ে ছোট ঘরে বসালে ঘরটা ছোট ঘরই থেকে যাবে। যাইহোক, আপনি যদি একজন মহিলাকে নিয়ে যান এবং তাকে ছোট ঘরে রাখেন তবে ঘরটি ঘরে পরিণত হবে এবং একটি পরিবার জন্ম নেবে। অতএব, যদি কোনও মহিলা গায়ত্রী মন্ত্র জপ করতে শুরু করেন তবে তিনি সত্যের পথে যেতে শুরু করবেন। সত্য হল "মোক্ষ" বা জাগতিক বা বস্তুবাদী জিনিস থেকে মুক্তি। যদি এটি ঘটতে শুরু করে, তবে আমাদের প্রাচীন ঋষিরা বলেছেন যে "পুরো বিশ্ব শেষ হবে"। তদুপরি, মহিলারা সূক্ষ্ম, কোমল এবং "গায়ত্রী মন্ত্র" সহজেই মহিলাদের শরীর, মন এবং আত্মায় শক্তিকে উস্কে দিতে পারে। যাইহোক, এর অর্থ এই নয় যে তারা মন্ত্রটি জপ করতে পারে না।

তারা 40 বা 50 বছর বয়সের পরেই পারে। কারণ এই বয়সেই মহিলারা তাদের জীবনের প্রধান দায়িত্বগুলি সম্পন্ন করেছেন। সেসব দায়িত্ব সন্তানের জন্ম দেওয়া, সন্তান ও সংসার দেখাশোনা করা। এটাও বলা হয় যে মহিলারা যদি গায়ত্রী মন্ত্র জপ করা শুরু করেন, তাহলে তারা সন্তানের জন্ম এবং পরিবারে সমস্যায় পড়তে পারেন। মন্ত্র যে অশুভ সমস্যা সৃষ্টি করছে তা নয়। এটি মন্ত্রের প্রকৃতির কারণে এবং এর অর্থ যা ব্যক্তিকে সত্যের পথে নিয়ে যাচ্ছে যা সমস্যা তৈরি করছে। এই প্রধান কারণ আমাদের প্রাচীন ঋষিরা সুপারিশ করেন যে 40 বা 50 বছরের কম বয়সী মহিলাদের গায়ত্রী মন্ত্র জপ করা উচিত নয় যদি না তিনি সন্ন্যাসী হওয়ার পথ বেছে নেন। কারণ এই পৃথিবীতে নারীরাই সবচেয়ে বড় দায়িত্ব পালন করে। আর নারী ছাড়া তাদের কোনো ঘর থাকবে না, আর ঘর না থাকলে পৃথিবী শেষ হয়ে যাবে।

শ্রী গণেশ ধ্যান বিধি ও তুষ্ট করার উপায়

হিন্দু বৈদিক শাস্ত্রে দেবতাদের উপর মানসিক একাগ্রতার জন্য মন্ত্রগুলি সংস্কৃতে লেখা আছে। এগুলিকে ধ্যান মন্ত্র

বা ধ্যান শ্লোক বলা হয়। এই ধ্যান মন্ত্র বা শ্লোকগুলি সংস্কৃত গানের সুন্দর উপস্থাপনা হিসাবে দেবতার রূপ এবং চেহারাকে চিত্রিত করে। এগুলি বোঝা সাধককে মানসিকভাবে আধ্যাত্মিক এবং মানসিক শক্তির তীব্র মনোযোগ দিয়ে পছন্দের দেবতার প্রতি মনোনিবেশ করতে সহায়তা করে। এই মন্ত্রগুলির অর্থ না বুঝে নিছক পাঠ করলে দেবী/দেবতা সাধনার প্রয়োজন মেটে না।তাই ব্যক্তিকে প্রথমে এই ধ্যান মন্ত্রগুলির অর্থ বুঝতে হবে যাতে পরমেশ্বর ভগবানকে সন্তুষ্ট করা যায় এবং তাঁর ইচ্ছার আশীর্বাদ পেতে পারে।

ভগবান গণেশ হলেন প্রতিটি স্বর্গীয় আশীর্বাদের রক্ষক, তাই প্রতিটি মানুষের অন্য কোনও কাজ করার আগে তাকে খুশি করা উচিত। এগুলি ছাড়াও যদি আপনার সাধনায় কোনো বাধা আসে, ভগবান গণেশ তা ধ্বংস করতে পারেন।

শ্রী গণেশ ধ্যান মন্ত্র:

একদন্তম চতুরহস্তম পাশম অঙ্কুশধারীনাম, রদম চ ভারদম হস্তই বিভ্রানম মুশকধ্বজম্। রক্তম লম্বোদরম শূরপাকর্ণকম রক্ত বাসসম, রক্ত গন্ধনুলিপ্তঙ্গম রক্ত পুষ্পাই সুপূজিতম্। ভক্তানুকম্পিনম দেবম জগৎ কারনম অচ্যুতম, আভির্ভূতম্ চ সৃষ্টিদৌ প্রকৃতিয় পুরুষত্ৰপরম্।

অনুবাদ:শ্রী গণেশ হলেন চারটি হাতের ভগবান। সেখানে আপনি একটি হাতির দাঁত, একটি দড়ি এবং একটি (অঙ্কুশা) তিনটি হাতে এবং একটি চতুর্থ হাতে

আশীর্বাদ দেওয়ার ভঙ্গি দেখাচ্ছে। তার বাহক হিসেবে ইঁদুর আছে। তার রং লাল এবং তার বড় উদর আছে। তার কান বড় এবং লাল কাপড়ে বাঁধা। তার শরীর লাল সুগন্ধি দিয়ে মাখানো হয় এবং লাল ফুল দিয়ে পূজা করা হয়। তিনি ভক্তদের প্রতি করুণাময়। এই বিশ্বব্রহ্মাণ্ডের কারণ তিনিই যিনি প্রকৃতি ও মানবতার আগেও জন্মগ্রহণ করেন।

অর্থ সহ শ্রীসংকট নাশনম গণপতি স্তোত্রম্

শ্রী সংকট নাশনম গণেশ স্তোত্রম্

নারদ উবাচ প্রণাম্য শিরসা দেবম গৌরীপুত্রম বিনায়কম। ভক্তবসম স্মরেনিত্যময়ূহ কামার্থসিদ্ধয়ে।।1। প্রণাম্য শিরসা দেবম গৌরী পুত্রম বিনায়কম। ভক্তবসম স্মরেত্রিত্যময়ূহ কাম অর্থ সিধায়ে ||1|| বিদগ্ধ ব্যক্তি, যিনি আরও জীবন, সম্পদ এবং ভালবাসা কামনা করেন, দেবী পার্বতীর পুত্র ভগবান গণপতিকে নমস্কার করা উচিত

প্রথম বক্রতুন্ডম চ একদন্তম মধ্যমকম। তৃতীয়া কৃষ্ণপিঙ্গাক্ষম গজবক্তুম্ চতুরকম।।2। প্রথমে তাকে ভগ্ন দন্ত ভগবান মনে করুন, দ্বিতীয়টি এক দন্ত ভগবান মনে করুন, তৃতীয়টিকে লাল কালো চোখযুক্ত ভাবুন, চতুর্থটি হাতির মুখের মতো। লম্বোদরম পঞ্চম চ ষষ্ঠ বিক্রমেব চ। সপ্তম বিঘ্নরাজেন্দ্রম্ ধুম্রবর্ণম্ তথাষ্টম্।।3। লম্বোদরম পঞ্চমম চ, ষষ্ঠম বিকাটমেব চ। সপ্তমম বিঘ্নরাজম্ চ, ধূম্রবার্বর্ণম্ তথাশতমম ||3|| নবম ভালচন্দ্র চ দশম তু বিনায়কম। একদশম গণপতি দ্বাদশম তু গজাননম।।4।

নবমম ভালচন্দ্রম চ, দশমম তু বিনায়কম। একাদশাম গণপতিম, দ্বাদশম তু গজাননম ||4|| নবম যিনি তাঁর কপালে অর্ধচন্দ্রাকার, দশম যিনি বাধা দূরীকরণের নেতা, একাদশ হলেন ভগবান শিবের সেনাবাহিনীর নেতা এবং দ্বাদশ হলেন যিনি একটি হাতির মুখ। দ্বাদশৈতানি নামানি ত্রিসংধ্যম যহা পথনারঃ। ন চ বিদ্যাভয়ম্ তস্য সর্বসিদ্ধিকরম পরম।।5। দ্বাদশৈথনী নামানি, ত্রিসংধ্যম ইয়াহ পাঠানরা। ন চ বিঘ্ন ভয়ম তস্য, সর্বসিদ্ধি করম পরম ||৫|| যে কেউ ভোরে, দুপুর ও সন্ধ্যায় এই বারোটি নাম পাঠ করবে, কখনও পরাজয়ের ভয় পাবে না এবং সর্বদা সে যা চায় তা অর্জন করবে। বিদ্যার্থী লাভতে বিদ্যাম ধনার্থী লাভতে ধানম। পুত্রার্থী লাভে পুত্রমোক্ষার্থী লাভে গতিম।।6। বিদ্যার্থী লভতে বিদ্যাম, দানার্থী লভতে ধানম। পুত্রার্থী লভতে পুত্রান, মোক্ষার্থী লভতে গতেম ||6|| যে শিক্ষার সাধনা করে সে জ্ঞান পাবে, যে অর্থ উপার্জন করতে চায় সে অর্থ পাবে, যে পুত্র কামনা করে সে পুত্র পাবে এবং যে মোক্ষ চায় সে পাবে মোক্ষ। জপেগদানপতিস্তোত্রম শদ ভীর্মসায়্যা ফলম লভেত। সম্বতসারেন সিদ্ধি চ লভতে নত্র সংশয়ঃ..7। জপেত গণপতি স্তোত্রম, শব্দভীরমশাই ফলম লভেৎ। সম্বতসরেণ সিধীম চ, লভতে নত্র সংশয় ||7|| ছয় মাসের মধ্যে গণপতির এই প্রার্থনা জপের ফল দেখা যাবে, এবং এক বছরের মধ্যে, তার সমস্ত ইচ্ছা পূরণ হবে, এবং এতে কোন সন্দেহ নেই। অষ্টভ্যো ব্রাহ্মণেভ্যাশ্চ লিকৃত্ব যঃ সম্পর্যেত। তস্য বিদ্যা ভবেৎ সর্ব গণেশস্য প্রসাদঃ।।4। অষ্টভ্যো ব্রহ্মায়োশ্র লিকিহিত্বা যঃ সম্পর্যেত।। তস্য বিদ্যা ভবেৎসর্ব গণেশস্য প্রসাদতঃ ||4|| যিনি এই প্রার্থনা

করেন, আটজন জ্ঞানী লোকের কাছে লিখিতভাবে, এবং এটি ভগবান গণেশকে অর্পণ করেন, জ্ঞানী হবেন, এবং গণেশের কৃপায় সমস্ত নক্ষত্রীয় গুণাবলীতে আশীর্বাদ পাবেন। , ইতি শ্রী নারদপুরাণে সংকটনাশনম গণেশ স্তোত্রম সম্পূর্ণম্ ॥

শ্রী গণেশ স্তোত্রম বা সংকট নাশনম গণপতি স্তোত্রম হল প্রভু গণেশের কাছে সবচেয়ে কার্যকর প্রার্থনাগুলির মধ্যে একটি। গণেশ স্তোত্রম নারদ পুরাণ থেকে নেওয়া হয়েছে। এটি সব ধরনের সমস্যা দূর করে। প্রতিদিন সংকট নাশনম গণপতি স্তোত্রম জপ করা একজন ব্যক্তিকে সমস্ত ধরণের বাধা থেকে মুক্ত করে এবং সমস্ত দুঃখের বিনাশ করে। সুতরাং, এই স্তোত্রম জপের মাধ্যমে কেউ তাদের সমস্যাগুলি চিরতরে দূর করতে পারে। সংকট নাশনম গণপতি স্তোত্রম-এ, ঋষি নারদ ভগবান গণেশের মহিমা ব্যাখ্যা করেছেন। ঋষি নারদ বলেছেন যে প্রত্যেক ব্যক্তির মাথা নত করা উচিত এবং ভগবান গণেশের পূজা করা উচিত এবং দীর্ঘায়ু এবং সমস্ত সমস্যা দূর করার জন্য জিজ্ঞাসা করা উচিত। ভগবান গণেশের বিভিন্ন নাম ডাকা উচিত যার মধ্যে রয়েছে বক্রতুন্ড, একদন্ত, কৃষ্ণ পিঙ্গাক্ষ, গজবক্র, লম্বোদর, চটা বিকট, বিঘ্ন রাজেন্দ্র, ধূম্রবর্ণ, ভালচন্দ্র, বিনায়ক, গণপতি প্রভৃতি এই বারোটি নামের পূজা করা উচিত দিনের তিনটি সময়ে। এটি একজন ব্যক্তিকে যেকোনো ধরনের ভয় থেকে মুক্তি দেয়। ভগবান গণেশের আরাধনা সমস্ত ইচ্ছা পূরণ করে। যে ব্যক্তি

অর্থের সন্ধান করে সে ধনী হয়, যে ব্যক্তি জ্ঞানের সন্ধান করে সে তা অর্জন করে এবং যে ব্যক্তি মুক্তির সন্ধান করে সে তা অর্জন করে। এটা বিশ্বাস করা হয় যে এই স্তোত্রম্ ছয় মাসের মধ্যে ফলাফল দিতে শুরু করে। এক বছরে, একজন ব্যক্তি অবশ্যই শুভ ফল পাবেন।

শরীর সুরক্ষা মন্ত্র

মন্ত্র:om raksho raksh mahaaveer kaala gora bhairoo, bal vahan kare, vajr see deh raksha kare edee se

chotee chotee se edee vajr see deh niradhar jhare
tham tham tham

এটি একটি হিন্দি মন্ত্র তাই ল্যাটিন হরফে দেওয়া হলো

কিভাবে সবচেয়ে সহজ শবর দেহ রক্ষা মন্ত্র জপ করবেন:এটি একটি দেহ রক্ষা শবর মন্ত্র। আপনি এটিতে জল নিয়ে তার চারপাশে একটি বৃত্ত তৈরি করুন। অথবা একটি জলের ফলক দিয়ে একটি বৃত্ত তৈরি করুন। অথবা চারিদিকে সরিষা ছড়িয়ে দিন। এর পর শবর সাধনা বা অধির সাধনা বা শ্মশান অনুষ্ঠান করলে কোনো ভয় বা অস্বস্তি থাকতে পারে না। আর আপনি যদি প্রতিদিন সকালে একবার ঘুম থেকে উঠে এই কাজটি করেন তাহলে কেউ যদি আপনার উপর কালো জাদু করে তাহলে তা বাতিল হয়ে যায়। কোন রোগই আক্রমণ করতে পারে না। কোন শত্রু আক্রমণ করতে পারে না এবং কোন সমস্যা হতে পারে না। এটি 1 বা 3 বার জপ করতে হবে। আর এতে পারদর্শিতা অর্জনের কোনো প্রয়োজন নেই। এই মন্ত্রের জন্য কোন দীর্ঘ প্রক্রিয়ার প্রয়োজন নেই।ভৈরব মানে ভবিষ্যত ঘটনা, ঝামেলা, সমস্যাকে আটকানো। ভৈরব এমন একজন হিসাবে পরিচিত যিনি ভয়কে ধ্বংস করেন বা যিনি ভয়ের বাইরে। ভৈরব তার ভক্তদের ভয়ঙ্কর শত্রু, লোভ, লালসা এবং ক্রোধ থেকে রক্ষা করেন। ভৈরব তার ভক্তদের এই শত্রুদের হাত থেকে রক্ষা করেন। শবর মন্ত্রে খুব তাড়াতাড়ি কাঙ্ক্ষিত ফল পাওয়া যায়। এই মন্ত্রগুলি ভারতের বেশ কয়েকটি গ্রামীণ ভাষায়ও পাওয়া যায়। শবর মন্ত্র বিভিন্ন ধর্মে পাওয়া যায়। একটি শবর মন্ত্র

বৈদিক মন্ত্রের ধারা থেকে অনেকটাই আলাদা। শবর মন্ত্র জপতে কোন নিষেধাজ্ঞা নেই। এগুলি শক্তিতে পরিপূর্ণ এবং অবিলম্বে আপনার হৃদয়ের গভীরে যে ফলাফলগুলি কামনা করে তা জয় করে কাজ শুরু করতে পারে।

বৈদিক মন্ত্রের ধারা থেকে অনেকটাই আলাদা। শবর মন্ত্র জপতে কোন নিষেধাজ্ঞা নেই। এগুলি শক্তিতে পরিপূর্ণ এবং অবিলম্বে আপনার হৃদয়ের গভীরে যে ফলাফলগুলি কামনা করে তা জয় করে কাজ শুরু করতে পারে।

কুন্ডলিনী জাগানোর পদ্ধতি

কুন্ডলিনী জাগরণ অভিজ্ঞতা. অনিচ্ছাকৃত ঝাঁকুনি বা ঝাঁকুনি সহ এটি ঘটছে এমন বিভিন্ন লক্ষণ রয়েছে; শক্তির বৈদ্যুতিক প্রবাহ; আনন্দের শক্তিশালী অনুভূতি; নির্দিষ্ট চক্রের এলাকায় তীব্র ঠান্ডা বা তাপ; আপনার মেরুদণ্ড বরাবর সাপ বা পিঁপড়া হামাগুড়ি দিচ্ছে এমন অনুভূতি; স্বতঃস্ফূর্ত মুদ্রা, আসন, বাঁধা বা প্রাণায়াম; বিভ্রান্তির অনুভূতি; হঠাৎ মেজাজ পরিবর্তন; এবং ভিতরের আলো, রং বা শব্দের অভিজ্ঞতা বৃদ্ধি পায়। হ্যাঁ, এটি সবই বরং রহস্যময় এবং এমনকি যৌন বলে মনে হয় এবং এটি অবশ্যই একটি সম্পূর্ণ মন-দেহ-আত্মার অভিজ্ঞতা।

কুন্ডলিনী একটি সংস্কৃত শব্দ যার অর্থ "কুণ্ডলীকৃত" এবং কুন্ডলিনী শক্তি হল একটি অচেতন শক্তি যা আপনার মেরুদণ্ডের গোড়ায় একটি ঘুমন্ত সাপের মতো কুণ্ডলী করা হয়। কখনও কখনও এটিকে "সর্প শক্তি" বলা হয় এবং আপনি যখন এটিকে জাগিয়ে তোলেন, তখন এটি

আপনার শরীরের বিভিন্ন চক্রের মাধ্যমে আপনার মাথার সাথে আপনার মেরুদণ্ড বরাবর উঠে আসে। এটি আপনাকে জ্ঞান এবং আনন্দ নিয়ে আসবে বলে মনে করা হয় - এবং এটি একটি বড় লক্ষ্য, নির্বাণ অর্জনের মতো - তাই এটি এমন কিছু যা আধ্যাত্মিকতা, যোগ এবং ধ্যানের শিক্ষার্থীরা চেষ্টা করে। যদি এটি আপনি হন, এবং আপনি সম্ভাবনার দ্বারা আগ্রহী হন তবে এটি চূড়ান্ত আনন্দের অভিজ্ঞতা অর্জনের একটি উপায় হতে পারে।

প্রথমে যোগব্যায়াম বা ধ্যান অনুশীলন শুরু করুন, যাতে আপনি স্বেচ্ছায় শান্তি বা আনন্দের অবস্থা অর্জন করতে সক্ষম হন। এখানে লক্ষ্য হল অভ্যন্তরীণভাবে ফোকাস করা এবং আপনার মন থেকে বাইরের বিক্ষিপ্ততা দূর করা। একটি স্থানীয় যোগব্যায়াম ক্লাস বা একটি নির্দেশিত ধ্যানের অডিও আপনাকে সাহায্য করতে পারে এবং এটি যতটা কঠিন মনে হয় ততটা কঠিন নয়, তবে এক বছর বা তার বেশি সময় ধরে নিয়মিত এটি করার জন্য প্রস্তুত থাকুন। এছাড়াও আপনার ভাল শারীরিক অবস্থা থাকতে হবে, একটি মানসিক এবং বুদ্ধিবৃত্তিকভাবে স্থিতিশীল মন থাকতে হবে এবং আপনার শ্বাসের সাথে কাজ করতে সক্ষম হতে হবে, এটিকে শক্তির একটি চ্যানেল হিসাবে দেখে যা আপনার শরীরের ভারসাম্য এবং পুষ্টিকর। এই ভিত্তি ছাড়া, আপনি আপনার কুণ্ডলিনী শক্তি জাগ্রত করার অনুসন্ধান শুরু করতে প্রস্তুত নন। ধাপ ২ কুণ্ডলিনী জাগ্রত করার "মধ্যস্থতা" পদ্ধতিগুলিকে বলে আপনার

যোগব্যায়াম/ধ্যানের ভিত্তি স্থাপন করুন — এগুলি হল পরোক্ষ, ধীর এবং মৃদু অনুশীলন যেমন ধর্মীয় আচার, মন্ত্র জপ এবং ধ্যান। আরে, এই ধরনের জিনিসগুলি সময় এবং ধৈর্য নেয় এবং তারা আপনাকে পরবর্তী পদক্ষেপগুলির জন্য প্রস্তুত করবে। আপনি যদি কিছু নতুন ধরণের যোগ চেষ্টা করতে চান তবে ভক্তি যোগের দিকে তাকান, যা বিশ্বাসের উপর ভিত্তি করে; কর্ম যোগ, যা কর্মে পরিপূর্ণতা সম্পর্কে; এবং জ্ঞান যোগ, যা মানসিক একাগ্রতা এবং স্ব-তদন্ত সম্পর্কে। আপনি নিজেরাই এই জিনিসগুলির যেকোনও চেষ্টা করতে পারেন, তবে আপনাকে গাইড করার জন্য অভিজ্ঞ কারো সাথে আপনার ভাগ্য আরও ভাল হবে। ধাপ 3 আপনার ফাউন্ডেশন ঠিক রেখে, কুন্ডলিনী জাগ্রত করার "তাৎক্ষণিক" পদ্ধতিতে এগিয়ে যান, যা আরও সরাসরি এবং হ্যাঁ, কিছুটা দ্রুত; কিন্তু এইগুলির সাথে, আপনাকে অবশ্যই কাউকে সাহায্য করতে হবে যাতে আপনি সেগুলি সঠিকভাবে করতে পারেন। তাৎক্ষণিক পদ্ধতির চারটি বিভাগ রয়েছে: শারীরিক, শ্বাস, ধ্যান এবং মন্ত্র। তাই আপনি গভীর শ্বাস-প্রশ্বাসের অনুশীলন, নির্দিষ্ট ভঙ্গি এবং তীব্র ধ্যানের মতো জিনিসগুলি করবেন।

নাড়ী শুদ্ধি প্রাণায়াম

প্রাচীন যোগ সাহিত্য অনুসারে, 'নাড়ী' এমন একটি চ্যানেলকে বোঝায় যার মাধ্যমে একটি দেহের মধ্যে প্রাণশক্তি বা শক্তি প্রবাহিত হয়। নাড়ী শুদ্ধি শব্দটির আক্ষরিক অনুবাদের অর্থ হল, 'অদৃশ্য শক্তির মাধ্যমগুলির শুদ্ধিকরণ।' নাড়ী শুদ্ধি প্রাণায়ামকে বিকল্প নাসারন্ধ্র শ্বাস-প্রশ্বাস হিসাবেও উল্লেখ করা হয়।

অঙ্গ-প্রত্যঙ্গের উপর প্রাণায়ামের শ্বাস-প্রশ্বাসের প্রভাব প্রায় তাৎক্ষণিক হয় তাই এটি অত্যন্ত গুরুত্বপূর্ণ, শুধুমাত্র একজন প্রশিক্ষিত যোগ প্রশিক্ষকের তত্ত্বাবধানে এবং নির্দেশনায় প্রাণায়াম শ্বাস-প্রশ্বাসের অনুশীলন করা। ব্যায়ামের সময় জোর করে বা চাপা শ্বাস নেওয়া উচিত নয়, কারণ এটি শরীরের জন্য ক্ষতিকারক প্রমাণিত হতে পারে যদি ব্যায়ামের সময়, আপনি মনে করেন যে আপনার শরীর অনিচ্ছাকৃতভাবে কাঁপছে বা আপনার পেশী টানটান হয়ে গেছে, ব্যায়াম বন্ধ করুন এবং স্বাভাবিকভাবে শ্বাস নিন আপনি যদি উচ্চ রক্তচাপে ভোগেন, তাহলে আপনার বিকল্প নাসারন্ধ্র শ্বাস-প্রশ্বাস এড়ানো উচিত

কিভাবে করবেন: পদ্মাসনে বসুন মেরুদণ্ড খাড়া রাখুন এবং আপনার মাথা ও ঘাড় সোজা রাখুন আপনার চোখ বন্ধ করা উচিত শরীরের পেশী শিথিল করুন এবং আপনার শ্বাস সম্পর্কে সচেতন হন ব্যায়ামের সময় কোন সময়েই শ্বাস নিয়ন্ত্রিত বা জোর করা উচিত নয় আপনি যদি পদ্মাসনের ভঙ্গি বজায় রাখা কঠিন মনে করেন, আপনি চেয়ারে বসে নদী শুদ্ধি শ্বাস-প্রশ্বাসের অনুশীলন করতে পারেন এই ভঙ্গিতে থাকাকালীন আপনার পা মেঝেতে রয়েছে এবং আপনার পিঠ সোজা আছে তা নিশ্চিত করা গুরুত্বপূর্ণ। এক হাত দিয়ে, আপনার আঙ্গুলগুলি প্রসারিত করুন এবং আপনার তর্জনী এবং আপনার মধ্যমা আঙ্গুলগুলিকে বাঁকুন এবং আপনার হাতের তালুতে রাখুন একটি নাসারন্ধ্রে থাম্ব এবং অনামিকা আঙুলের অগ্রভাগ অন্য নাসারন্ধ্রের বিরুদ্ধে রাখুন বুড়ো আঙুল এবং অনামিকা আপনার শ্বাস নেওয়ার সময় বিকল্প নাসারন্ধ্র বন্ধ করতে ব্যবহার করা হবে আপনার বাম পাশের নাকের ছিদ্র বন্ধ করে ব্যায়াম শুরু করুন এবং আপনার ডান নাসিকা দিয়ে শ্বাস ছাড়ুন আপনার বাম নাকের ছিদ্র অবরুদ্ধ করা চালিয়ে যান এবং আপনার ডান নাসিকা ব্যবহার করে শ্বাস নিন আপনার বাম নাকের ছিদ্র খুলুন যখন আপনি একই সাথে আপনার ডান নাসিকাকে ঢেকে রাখেন এবং ব্লক করেন তখন খোলা বাম নাসারন্ধ্র ব্যবহার করে ধীরে ধীরে শ্বাস ছাড়ুন একবার এটি হয়ে গেলে এগিয়ে যান এবং খোলা আপনার বাম নাকের ছিদ্র দিয়ে শ্বাস নিন বাম নাকের ছিদ্র বন্ধ করুন এবং আপনার ডান নাকের ছিদ্র দিয়ে বাতাস বের হতে দিন যা আপনি এখন খোলা

রেখে গেছেন এটি একটি চক্র হিসাবে বিবেচিত হয় শ্বাস ধীর এবং ছন্দময় হওয়া উচিত বাম এবং ডান নাসারন্ধ্র খোলা এবং বন্ধ করে এভাবে শ্বাস নেওয়া চালিয়ে যান এবং শুরু করতে দশটি চক্র সম্পূর্ণ করুন। আপনি আপনার অনুশীলনে অগ্রসর হওয়ার সাথে সাথে আপনি প্রতিটি চক্রের সময়কাল এবং পুনরাবৃত্তির সংখ্যা বাড়াতে পারেন

শরীর সুরক্ষা তান্ত্রিক মন্ত্র

ওং আ সুরেখে বজ্ররেখে হুং ফট স্বাহা

প্রতিটি তান্ত্রিক কাজের আগে এই মন্ত্রটি দশবার জপ করতে হবে, তাহলে কোনো বিপদ সাধকের ক্ষতি করতে পারবে   না

নিদ্রাহীনতা সৃষ্টি

যদি কৌরমণির মূল জড়িয়ে রাখা হয় একজন মানুষের বিছানার নিচে তার ঘুম হবে না।

একই প্রভাব উৎপন্ন হয় কাচমনি বা কারাচ (পোঙ্গামিয়া গ্ল্যাবরা) নীচে রাখা হয় একজনের বালিশ

অদৃশ্য দৃষ্টিকরণ

ডালিমের বীজের রস বের করে নিতে হবে সন্ধ্যায় নবম চন্দ্র প্রাসাদে, এবং একটি মঙ্গলবার পতনশীল পদ্মের মূল সংগ্রহ করা উচিত কালো চাঁদের অষ্টম দিনে। যখন একটি পেস্ট এই দুটি পদার্থ থেকে প্রস্তুত চোখের উপর প্রয়োগ করা হয়,

সম্পদ অপরিমিত রাখা

ডালিম গাছের গোড়া সংগ্রহ করতে হবে সপ্তম চন্দ্র প্রাসাদ এবং সঙ্গে মোহিত ধনদয় মন্ত্র। যখন এই মূল রাখা হয় শস্যভাণ্ডারে বা সম্পদের কোনো ভান্ডারে, তা হবে অপরিমিত থাকা.

বিধিবদ্ধ সতর্কতা

এই বইতে ভিন্ন ভিন্ন জাদু ও স্বর্গীয়। মানবজাতির জন্য উপকারী ক্ষমতা বর্ণনা করা হয়েছে.এই গ্রন্থে বিভিন্ন উদ্দেশ্যে বিভিন্ন মন্ত্র, তন্ত্র লেখা হয়েছে। কিন্তু প্রত্যেকেরই মনে রাখা উচিত যে আমাদের উদ্দেশ্য হল মানুষের জন্য ভালো করা যাতে কারো ক্ষতি না হয়। যদি কোন ধার্মিক ব্যক্তি এই প্রক্রিয়াগুলিকে ধাপে ধাপে পদ্ধতিগতভাবে অনুসরণ করেন তবে তিনি অপার ক্ষমতার অধিকারী হতে পারেন, এর জন্য একজনকে সতর্কতার সাথে কুন্ডলিনী জাগানোর জন্য জরুরীভাবে চেষ্টা করতে হবে, যদি এটি করা হয় তবে সবকিছুই সফল হবে। আমি আবারও সকলকে অনুরোধ করছি ত্যাগের সঠিক পথে চলার জন্য এবং কারো ক্ষতি না করার জন্য। পরিশেষে বলা যায়, এই বইয়ে বর্ণিত প্রক্রিয়াগুলো যদি কেউ বিশ্বাসের সাথে অনুসরণ করে তাহলে সে মহান শক্তি অর্জন করতে পারে।

শ্রীদুর্গা আপদুদ্ধারাষ্টকম্ অথবা দুর্গাপদুদ্ধারস্তোত্রম্

দুর্গাপদুদ্ধারস্তবরাজঃ নমস্তে শরণ্যে শিবে সানুকম্পে নমস্তে জগদ্ব্যাপিকে বিশ্বরূপে । নমস্তে জগদ্বন্দ্যপাদারবিন্দে নমস্তে জগত্তারিণি ত্রাহি দুর্গে ॥ ১॥ নমস্তে জগচ্চিন্ত্যমানস্বরূপে নমস্তে মহাযোগিবিজ্ঞানরূপে । নমস্তে নমস্তে সদানন্দ রূপে নমস্তে জগত্তারিণি ত্রাহি দুর্গে ॥ ২॥ অনাথস্য দীনস্য তৃষ্ণাতুরস্য ভয়ার্তস্য ভীতস্য বদ্ধস্য জন্তোঃ । ত্বমেকা গতির্দেবি নিস্তারকর্ত্রী নমস্তে জগত্তারিণি ত্রাহি দুর্গে ॥ ৩॥ অরণ্যে রণে দারুণে শত্রুমধ্যে জলে সঙ্কটে রাজগ্রেহে প্রবাতে । ত্বমেকা গতির্দেবি নিস্তার হেতুর্নমস্তে জগত্তারিণি ত্রাহি দুর্গে ॥ ৪॥ অপারে মহদুস্তরেহত্যন্তঘোরে বিপৎ সাগরে মজ্জতাং দেহভাজাম্ । ত্বমেকা গতির্দেবি নিস্তারনৌকা নমস্তে জগত্তারিণি ত্রাহি দুর্গে ॥ ৫॥ নমশ্চণ্ডিকে চণ্ডোর্দণ্ডলীলাসমুৎখণ্ডিতা খণ্ডলাশেষশত্রোঃ । ত্বমেকা গতির্বিঘ্নসন্দোহহর্ত্রী নমস্তে জগত্তারিণি ত্রাহি দুর্গে ॥ ৬॥ ত্বমেকা সদারাধিতা সত্যবাদিন্যনেকাখিলা ক্রোধনা ক্রোধনিষ্ঠা । ইডা পিঙ্গলা ত্বং সুষুম্না চ নাডী নমস্তে জগত্তারিণি ত্রাহি দুর্গে ॥ ৭॥ নমো দেবি দুর্গে শিবে ভীমনাদে সদাসর্বসিদ্ধিপ্রদাতৃস্বরূপে । বিভূতিঃ সতাং কালরাত্রিস্বরূপে নমস্তে জগত্তারিণি ত্রাহি দুর্গে ॥ ৮॥ শরণমসি সুরাণাং সিদ্ধবিদ্যাধরাণাং মুনিমনুজপশূনাং দস্যভিত্রাসিতানাম্ । নৃপতিগৃহগতানাং ব্যাধিভিঃ পীডিতানাং ত্বমসি শরণমেকা দেবি দুর্গে প্রসীদ ॥ ৯॥ ইদং স্তোত্রং ময়া প্রোক্তমাপদুদ্ধারহেতুকম্ । ত্রিসন্ধ্যমেকসন্ধ্যং বা পঠনাদ্ঘোরসঙ্কটাৎ ॥ ১০॥ মুচ্যতে নাত্র সন্দেহো ভুবি স্বর্গে রসাতলে । সর্বং বা শ্লোকমেকং

বা যঃ পঠেদ্ভক্তিমান্ সদা ॥ ১১॥ স সর্ব দুষ্কৃতং ত্যক্তৃবা প্রাপ্নোতি পরমং পদম্ । পঠনাদস্য দেবেশি কিং ন সিদ্ধ্যতি ভূতলে ॥ ১২॥ স্তবরাজমিদং দেবি সঙ্ক্ষেপাৎকথিতং ময়া ॥ ১৩॥ ইতি শ্রীসিদ্ধেশ্বরীতন্ত্রে উমামহেশ্বরসংবাদে শ্রীদুর্গাপদুদ্ধারস্তোত্রম্ ॥ হরগৌরীসংবাদে আপদুদ্ধারাষ্টকস্তোত্রং

শ্রীআদিত্যহৃদয়স্তোত্রমন্ত্র

স্তোত্রপাঠ ওঁ অস্য শ্রীআদিত্যহৃদয়স্তোত্রমন্ত্রস্য শ্রীঅগস্ত্যঋষিঃ । অনুষ্টুপ্ছন্দঃ । শ্রীআদিত্যহৃদয়ভূতো ভগবান্ ব্রহ্মা দেবতাঃ । ওঁ বীজম্ । রশ্মিমতেরিতি শক্তিঃ । ওঁ তৎসবিতুরিত্যাদিগায়ত্রী কীলকম্ । নিরস্তাশেষবিঘ্নতয়া ব্রহ্মবিদ্যাসিদ্ধৌ সর্বত্র জয়সিদ্ধৌ চ বিনিয়োগঃ । অথ ঋষ্যাদিন্যাসঃ ॥ ওঁ অগস্ত্যঋষয়ে নমঃ শিরসি । অনুষ্টুপ্ছন্দসে নমঃ মুখে । আদিত্যহৃদয়ভূতব্রহ্মদেবতায়ৈ নমঃ। হৃদি । ওঁ বীজায় নমঃ গুহ্যে । ওঁ রশ্মিমতে শক্তয়ে নমঃ পাদয়োঃ । ওঁ তৎসবিতুরিত্যাদিগায়ত্রী কীলকায় নমঃ নাভৌ । বিনিয়োগায় নমঃ সর্বাঙ্গে । ইতি ঋষ্যাদিন্যাসঃ ॥ অথ করন্যাসঃ ॥ ওঁ রশ্মিমতে অঙ্গুষ্ঠাভ্যাং নমঃ । ওঁ সমুদ্যতে তর্জনীভ্যাং নমঃ । ওঁ দেবাসুরনমস্কৃতায় মধ্যমাভ্যাং নমঃ । ওঁ বিবস্বতে অনামিকাভ্যাং নমঃ । ওঁ ভাস্করায় কনিষ্ঠিকাভ্যাং নমঃ । ওঁ ভুবনেশ্বরায় করতলকরপৃষ্ঠাভ্যাং নমঃ । ইতি করন্যাসঃ ॥ অথ হৃদয়াদিষড়ঙ্গ ন্যাসঃ ॥ ওঁ রশ্মিমতে হৃদয়ায় নমঃ । ওঁ সমুদ্যতে শিরসে স্বাহা । ওঁ দেবাসুরনমস্কৃতায় শিখায়ৈ

বষট্ । ওঁ বিবস্বতে কবচায় হুম্ । ওঁ ভাস্করায় নেত্রত্রয়ায় বৌষট্ । ওঁ ভুবনেশ্বরায় অস্ত্রায় ফট্ । ইতি হৃদয়াদিষড়ঙ্গ ন্যাসঃ ॥ ॥ অথ আদিত্যহৃদয়ম্ ॥ ততো যুদ্ধপরিশ্রান্তং সমরে চিন্তয়া স্থিতম্ । রাবণং চাগ্রতো দৃষ্ট্বা যুদ্ধায় সমুপস্থিতম্ ॥ ১॥ দৈবতৈশ্চ সমাগম্য দ্রষ্টুমভ্যাগতো রণম্ । উপাগম্যাব্রবীদ্রামমগস্ত্যো ভগবানৃষিঃ ॥ ২॥ রাম রাম মহাবাহো শৃণু গুহ্যং সনাতনম্ । যেন সর্বানরীন্বৎস সমরে বিজয়িষ্যসি ॥ ৩॥ আদিত্যহৃদয়ং পুণ্যং সর্বশত্রুবিনাশনম্ । জয়াবহং জপেন্নিত্যমক্ষয়ং পরমং শিবম্ ॥ ৪॥ সর্বমঙ্গলমাঙ্গল্যং সর্বপাপপ্রণাশনম্ । চিন্তাশোকপ্রশমনং আয়ুর্বর্ধনমুত্তমম্ ॥ ৫॥ রশ্মিমন্তং সমুদ্যন্তং দেবাসুরনমস্কৃতম্ । পূজয়স্ব বিবস্বন্তং ভাস্করং ভুবনেশ্বরম্ ॥ ৬॥ সর্বদেবাত্মকো হ্যেষ তেজস্বী রশ্মিভাবনঃ । এষ দেবাসুরগণাঁল্লোকান্ পাতি গভস্তিভিঃ ॥ ৭॥ এষ ব্রহ্মা চ বিষ্ণুশ্চ শিবঃ স্কন্দঃ প্রজাপতিঃ । মহেন্দ্রো ধনদঃ কালো যমঃ সোমো হ্যপাং পতিঃ ॥ ৮॥ পিতরো বসবঃ সাধ্যা হ্যশ্বিনৌ মরুতো মনুঃ । বায়ুর্বহ্নিঃ প্রজাপ্রাণ ঋতুকর্তা প্রভাকরঃ ॥ ৯॥ আদিত্যঃ সবিতা সূর্যঃ খগঃ পূষা গভস্তিমান্ । সুবর্ণসদৃশো ভানুর্হিরণ্যরেতা দিবাকরঃ ॥ ১০॥ or ভানুর্বিশ্বরেতা হরিদশ্বঃ সহস্রার্চিঃ সপ্তসপ্তির্মরীচিমান্ । তিমিরোন্মথনঃ শম্ভুস্ত্বষ্টা মার্তাণ্ড অংশুমান্ ॥ ১১॥ or মার্তণ্ড হিরণ্যগর্ভঃ শিশিরস্তপনো ভাস্করো রবিঃ । অগ্নিগর্ভোঽদিতেঃ পুত্রঃ শঙ্খঃ শিশিরনাশনঃ ॥ ১২॥ ব্যোমনাথস্তমোভেদী ঋগ্যজুঃসামপারগঃ । ঘনবৃষ্টিরপাং মিত্রো বিন্ধ্যবীথী প্লবঙ্গমঃ ॥ ১৩॥ আতপী মণ্ডলী মৃত্যুঃ পিঙ্গলঃ সর্বতাপনঃ । কবির্বিশ্বো মহাতেজাঃ রক্তঃ সর্বভবোদ্ভবঃ ॥

১৪॥ নক্ষত্রগ্রহতারাণামধিপো বিশ্বভাবনঃ । তেজসামপি তেজস্বী দ্বাদশাত্মন্নমোহস্তু তে ॥ ১৫॥ নমঃ পূর্বায় গিরয়ে পশ্চিমায়াদ্রয়ে নমঃ । জ্যোতির্গণানাং পতয়ে দিনাধিপতয়ে নমঃ ॥ ১৬॥ জয়ায় জয়ভদ্রায় হর্যশ্বায় নমো নমঃ । নমো নমঃ সহস্রাংশো আদিত্যায় নমো নমঃ ॥ ১৭॥ নম উগ্রায় বীরায় সারঙ্গায় নমো নমঃ । নমঃ পদ্মপ্রবোধায় মার্তাণ্ডায় নমো নমঃ ॥ ১৮॥ or মার্তণ্ডায় ব্রহ্মেশানাচ্যুতেশায় সূর্যায়াদিত্যবর্চসে । ভাস্বতে সর্বভক্ষায় রৌদ্রায় বপুষে নমঃ ॥ ১৯॥ তমোঘ্নায় হিমঘ্নায় শত্রুঘ্নায়ামিতাত্মনে । কৃতঘ্নঘ্নায় দেবায় জ্যোতিষাং পতয়ে নমঃ ॥ ২০॥ তপ্তচামীকরাভায় বহুয়ে বিশ্বকর্মণে । or হরয়ে বিশ্বকর্মণে নমস্তমোহভিনিঘ্নায় রুচয়ে লোকসাক্ষিণে ॥ ২১॥ নাশয়ত্যেষ বৈ ভূতং তদেব সৃজতি প্রভুঃ । পায়ত্যেষ তপত্যেষ বর্ষত্যেষ গভস্তিভিঃ ॥ ২২॥ এষ সুপ্তেষু জাগর্তি ভূতেষু পরিনিষ্ঠিতঃ । এষ এবাগ্নিহোত্রং চ ফলং চৈবাগ্নিহোত্রিণাম্ ॥ ২৩॥ বেদাশ্চ ক্রতবশ্চৈব ক্রতূনাং ফলমেব চ । যানি কৃত্যানি লোকেষু সর্ব এষ রবিঃ প্রভুঃ ॥ ২৪॥ ॥ ফল শ্রুতিঃ ॥ এনমাপৎসু কৃচ্ছ্রেষু কান্তারেষু ভয়েষু চ । কীর্তয়ন্ পুরুষঃ কশ্চিন্নাবসীদতি রাঘব ॥ ২৫॥ পূজয়ম্বৈনমেকাগ্রো দেবদেবং জগৎপতিম্ । এতৎ ত্রিগুণিতং জপ্ত্বা যুদ্ধেষু বিজয়িষ্যসি ॥ ২৬॥ অস্মিন্ক্ষণে মহাবাহো রাবণং ত্বং বধিষ্যসি । এবমুক্ত্বা তদাগস্ত্যো জগাম চ যথাগতম্ ॥ ২৭॥ এতচ্ছ্রুত্বা মহাতেজা নষ্টশোকোহভবত্তদা । ধারয়ামাস সুপ্রীতো রাঘবঃ প্রয়তাত্মবান্ ॥ ২৮॥ আদিত্যং প্রেক্ষ্য জপ্ত্বা তু পরং হর্ষমবাপ্তবান্ । ত্রিরাচম্য শুচির্ভূত্বা ধনুরাদায় বীর্যবান্ ॥

২৯॥ রাবণং প্রেক্ষ্য হৃষ্টাত্মা যুদ্ধায় সমুপাগমৎ । সর্ব যত্নেন মহতা বধে তস্য ধৃতোহভবৎ ॥ ৩০॥ অথ রবিরবদন্নিরীক্ষ্য রামং মুদিতমনাঃ পরমং প্রহৃষ্যমাণঃ । নিশিচরপতিসঙ্ক্ষয়ং বিদিত্বা সুরগণমধ্যগতো বচস্ত্বরেতি ॥ ৩১॥ ইতি আদিত্যহৃদয়ং মন্ত্রম্ ॥

বশিকরণ মন্ত্রের ব্যবহার

বশিকরণ এমন একটি বিজ্ঞান যা প্রাচীন কাল থেকেই এটির স্থবির কাজ এবং যে কোনো কাঙ্ক্ষিত ব্যক্তিকে নিয়ন্ত্রণ করতে ব্যবহৃত হয়। বর্তমান সময়ে বশিকরণ শব্দটি শুনলে প্রায়ই মানুষের মনে নেতিবাচক অনুভূতি আসতে শুরু করে, এই ধরনের লোকদের চোখে বশিকরণ শুধুমাত্র এবং শুধুমাত্র অন্যের ক্ষতি করার জন্য। এর কারণও হ'ল বশিকরণ বর্তমান সময়ে বেশিরভাগই অন্যের ক্ষতি করার জন্য ব্যবহৃত হয়।

মন্ত্র 1:ওম নমঃ কাট বিকট ঘোররূপিণী অমুকং মে বস্যা নমঃ স্বাহা

আপনি যাকে বশীভূত করতে চান তার নাম নিন

2. ওম নমঃ ভগবতী হি স্বেতবাসে নমঃ নমঃ স্বাহা

1000 জপ

প্রেত বশীকরণ

ওম নমঃ বাং বাং ভুতেশ্বরী বাস্যাং কুরু কুরু স্বাহা

104 জপ দৈনিক

বগলা মুখী পুজা ও প্রয়োগ

বগলা মুখী পুজা ও প্রয়োগ

ওঁ হ্লিং বগলামুখী সর্বদুষ্টানং বাচং মুখং স্তম্ভয় জিহবাং কীলয় কীলয় বুদ্ধিং নাশয় হ্লিং ওঁ স্বাহা ।

দেবী বগলামুখীর স্বরূপ আলোচনার পূর্বে দশমহাবিদ্যা নিয়ে সামান্য হলেও বক্তব্যের প্রয়োজন আছে। কেন না, এই দশ মহাদেবীরই অন্যতমা হলেন বগলামুখী। মুণ্ডমাল তন্ত্র এই প্রসঙ্গে বলছে যে কালী তারা মহাবিদ্যা ষোড়শী ভুবনেশ্বরী/ভৈরবী ছিন্নমস্তা চ বিদ্যা ধূমাবতী তথা/বগলা সিদ্ধিবিদ্যা চ মাতঙ্গী কমলাত্মিকা/এতা দশ মহাবিদ্যাঃ সিদ্ধবিদ্যা প্রকীর্তিতাঃ। অর্থাৎ এই দশমহাবিদ্যা হলেন যথাক্রমে কালী, তারা, ষোড়শী, ভুবনেশ্বরী, ভৈরবী, ছিন্নমস্তা, ধূমাবতী, বগলা, মাতঙ্গী এবং কমলা। এই ক্রম অনুসারে দশমহাবিদ্যার মধ্যে অষ্টমতমা হলেন বগলা বা বগলামুখী।

তন্ত্র মতে, এই বগলার অর্থ হল যিনি বশীভূত বা সম্মোহিত করতে পারেন। অন্য দিকে, এর সঙ্গে যুক্ত হয়েছে মুখ শব্দটি। অর্থাৎ বগলামুখী-ই সেই দেবী যাঁর মুখের দিকে মাত্র একবার দৃষ্টিপাত করলেও অশুভ শক্তিরা সম্মোহিত এবং তার পরের ধাপে নিজীব হয়ে পড়বে। তন্ত্রে দেবী বগলামুখীকে সাধারণত দ্বিভুজা রূপেই দেখা যায়। এক হাতে তিনি ধারণ করে থাকেন একটি মুষল, অন্য হাতে জিভ টেনে ধরেন অসুরের। তবে কখনও কখনও দেবীকে চতুর্ভুজা রূপেও তন্ত্র বর্ণনা করেছে। সে ক্ষেত্রে চার হাতে দেবী ধারণ করে থাকেন একটি মুষল, একটি খড়গ, একটি নরকরোটি বা মড়ার মাথা দিয়ে তৈরি পানপাত্র এবং একটি সাঁড়াশি। এই সাঁড়াশি দিয়েই দেবী বগলামুখী জিভ টেনে ধরেন অসুরের।

বলা হয়, আজকের তিথিতে, অর্থাৎ বৈশাখ মাসের শুক্লপক্ষের অষ্টমী তিথিতেই আবির্ভূতা হয়েছিলেন দেবী বগলা। স্বতন্ত্র তন্ত্রে দেবী বগলামুখীর জন্মসংক্রান্ত এই আশ্চর্য আখ্যানটি পাওয়া যায়। জানা যায়, একদা মদন নামে এক অসুর বাক‌সিদ্ধি অর্জন করেছিল। অর্থাৎ কথা দিয়ে সে বিশ্বে প্রচণ্ড ঝড়ের সৃষ্টি করতে পারত। মদনাসুরের তৈরি এই ঝড় যখন সৃষ্টিকে বিপন্ন করে তোলে, তখন বিষ্ণু সৌরাষ্ট্র প্রদেশে গিয়ে হরিদ্রা নামের এক সরোবরের তীরে দেবীর ধ্যানে বসেন। বিষ্ণুর অসুরদমনের এই ইচ্ছা পূরণের জন্য এর পর দেবী বগলামুখী সেই হলুদের সরোবর থেকে উত্থিতা হন। প্রথমে তিনি ঝড় থামান, তার পরে মদনাসুরকে বধ করেন। সেই জন্যই তাঁকে এক হাতে অসুরের জিভ টেনে ধরে থাকতে দেখা যায়। হরিদ্রা সরোবরজাতা বলে তাঁর গাত্রবর্ণও পীত বা হলুদ, এঁর পরিধানও পীতবস্ত্র।

এ হেন দেবী বগলা সর্ব প্রকার শত্রু দমন করে ভক্তের জীবন সুখে এবং সার্থকতায় পরিপূর্ণ করে থাকেন। রুদ্রযামল তন্ত্রের অন্তর্গত বগলামুখী স্তোত্র অনুযায়ী দশমহাবিদ্যার মধ্যে অষ্টমতমা বগলামুখী বিপরীত অবস্থানের দেবী। অর্থাৎ এই দেবী জগতের যায়া কিছু তাকে রূপান্তরিত করে দেওয়ার ক্ষমতা ধরেন ঠিক উল্টোটায়। তাই বলা হয়েছে, বগলামুখীর কৃপায় তর্কযুদ্ধে অত্যন্ত পটু ব্যক্তিও কথা বলার ক্ষমতা হারায়, দ্রুতগামী শত্রু রূপান্তরিত হয় পঙ্গুতে। তাঁর কৃপায় শত্রুদমন করতে হলে কী ভাবে পূজা করতে হবে, তা এবার জেনে নেওয়া যাক!

সকালে স্নান সেরে শুদ্ধ হয়ে গৃহের উত্তর দিকে একটি পিঁড়ি রেখে, তার উপরে হলুদ কাপড় বিছিয়ে মাতা বগলামুখীর অধিষ্ঠানক্ষেত্র রচনা করতে হবে। এর পর মায়ের একটি ছবি সেই পিঁড়িতে রেখে সামনে জলপূর্ণ মঙ্গলঘট স্থাপন করতে হবে, ছবি না থাকলে পিঁড়ির উপরেই মঙ্গলঘট বসাতে হবে। এবার পূজার সঙ্কল্প করে ছবিতে বা ঘটে একে একে সিঁদুর, চন্দন, বেলপাতা, পান, মরসুমি ফল, হলুদ রঙের ফুল অর্পণ করতে হবে। ধূপ এবং দীপ জ্বেলে দিতে হবে মায়ের ছবি বা মঙ্গলঘটের সামনে। এর পর পাঠ করতে হবে বগলামুখী কবচ। সব শেষে মাতার আরতি অন্তে পূজা সমাপন করা বিধেয়।

বগলামুখী কবচ

বগলামুখীকবচম্

॥ অথ বগলামুখীকবচম্ ॥ শ্রুত্বা চ বগলাপূজাং স্তোত্রং চাপি মহেশ্বর । ইদানীং শ্রোতুমিচ্ছামি কবচং বদ মে প্রভো ॥ বৈরিনাশকরং দিব্যং সর্ব্বাশুভবিনাশনম্ । শুভদং স্মরণাৎপুণ্যং ত্রাহি মাং দুঃখনাশনম্ ॥ শ্রীভৈরব উবাচ ॥ কবচং শৃণু বক্ষ্যামি ভৈরবী প্রাণবল্লভে ॥ পঠিত্বা ধারয়িত্বা তু ত্রৈলোক্যে বিজয়ী ভবেৎ ॥ ওঁ অস্য শ্রীবগলামুখীকবচস্য নারদঋষিরনুষ্টুপ্ছন্দঃ শ্রীবগলামুখী দেবতা লং বীজং ঐং কীলকং পুরুষার্থচতুষ্টয়ে জপে বিনিয়োগঃ ॥ শিরো মে বগলা পাতু হৃদয়েকাক্ষরী পরা । ওঁ হ্লীং ওঁ মে ললাটে চ বগলা বৈরিনাশিনী ॥ গদাহস্তা সদা পাতু মুখং মে মোক্ষদায়িনী । বৈরিজিহ্বান্ধরা পাতু কণ্ঠং মে বগলামুখী ॥ উদরং নাভিদেশং চ পাতু নিত্যং পরাৎপরা । পরাৎপরপরা পাতু মম গুহ্যং সুরেশ্বরী ॥ হস্তৌ চৈব তথা পাতু পার্ব্বতীপরিপাতু মে । বিবাদে বিষমে ঘোরে সঙ্গ্রামে রিপুসঙ্কটে ॥ পীতাম্বরধরা পাতু সর্ব্বাঙ্গং শিবনর্তকী । শ্রীবিদ্যাসময়ো পাতু মাতঙ্গীদুরিতাশিবা ॥ পাতুপুত্রং সুতাং চৈব কলত্রং কালিকা মম । পাতু নিত্যং

ভ্রাতরং মে পিতরং শূলিনী সদা ॥ সন্দেহি বগলাদেব্যাঃ কবচং মন্মুখোদিতম্ । নৈব দেয়মমুখ্যায় সর্বসিদ্ধিপ্রদায়কম্ ॥ পঠনাদ্ধারণাদস্য পূজনাদ্বাঞ্ছিতং লভেৎ । ইদং কবচমজ্ঞাত্বা যো জপেদ্ বগলামুখীম্ ॥ পিবন্তি শোণিতং তস্য যোগিন্যঃ প্রাপ্যসাদরাঃ । বশ্যে চাকর্ষণে চৈব মারণে মোহনে তথা ॥ মহাভয়ে বিপত্তৌ চ পঠেদ্বাপাঠয়েত্তু যঃ । তস্য সর্বার্থসিদ্ধিঃ স্যাদ্ভক্তিযুক্তস্য পার্বতী ॥ ইতি শ্রীরুদ্রযামলে বগলামুখীকবচং সম্পূর্ণম্ ॥

বগলামুখী কবচ : অষ্টম মহাবিদ্যা হল দেবী বগলামুখী। শত্রু বিনাশ, বিতর্কে জয়লাভের জন্য তাদের ভক্তরা তাদের পূজা করে থাকেন। মাতা হলেন বগলামুখীর দেবী একজন ইরেন্ট দেবতা এবং কথিত আছে যে সমস্ত ব্রাহ্মণের শক্তি জড়িত, এই কবচ পাঠ করলে ভক্তের জীবনের সমস্ত বাধা দূর হয় এবং শত্রুদের ধ্বংসের পাশাপাশি অশুভ শক্তির বিনাশ হয়। বগলামুখী কবচকে একটি শুভ কবচ বলে মনে করা হয় যা দেবী বগলামুখীকে উৎসর্গ করা হয়। বগলামুখী কবচের সাহায্যে কেউ সিদ্ধি লাভ করতে পারে। এটা বিশ্বাস করা হয় যে মা বগলামুখীর আরাধনা আপনার শত্রুকে আপনার বিরুদ্ধে ক্ষতিকারক কাজ করা থেকে বিরত রাখতে একটি অস্ত্রের মতো কাজ করে। বগলামুখী কবচ বিরোধীদের উপর সাফল্য অর্জনের জন্য কার্যকর কবচ। কেউ যদি তার বিরোধীদের কাছ থেকে সমস্যার সম্মুখীন হন বা কোনো আইনি বিষয়ে জড়িত থাকেন বা কোনো বিরোধিতা থাকে তাহলে সেই বিরোধিতা কাটিয়ে উঠতে বগলামুখী কবচ পাঠ করা এই জটিলতা থেকে মুক্তি পেতে সাহায্য করে। মা বগলামুখীর আশীর্বাদ কবচ এবং

সৌভাগ্য নিয়ে আসে। বগলামুখী কবচ ধারণ করে বগলামুখী দেবীর আশীর্বাদ। বগলামুখী দুল ব্যবহার করে, ব্যবহারকারী অসাধু চিন্তার উপর নিয়ন্ত্রণ পায় এবং বাহ্যিক জগতের উপর সম্পূর্ণ নিয়ন্ত্রণ অর্জন করে। বগলামুখী কাবচ লকেট ব্যবহার শান্তি, সম্প্রীতি দেয় এবং আপনার জীবন থেকে গ্রহের সমস্ত ক্ষতিকারক প্রভাব দূরে রাখে এবং আপনাকে ধনী, স্বাস্থ্যবান এবং সমৃদ্ধ করে তোলে। বগলামুখী কবচের উপকারিতা: বগলামুখী কবচ আপনাকে এবং আপনার পরিবারকে নেতিবাচক শক্তি থেকে রক্ষা করে। যদি আপনার জীবনে সবচেয়ে শক্তিশালী শত্রু থাকে এবং তারা আপনাকে অত্যন্ত বিরক্ত করে তবে আপনাকে অবশ্যই মা পীতাম্বরের আশ্রয় নিতে হবে। মা হচ্ছেন প্রবীণদের মন্ত্র খাড়া করার শক্তিশালী শক্তি, যে আপনার বড় শত্রুকেও বড়ো বাধা দিতে সক্ষম। এই কবচকে ধারণ করলে বা ধারণ করলে সাধক ঐশ্বরিক শক্তি লাভ করেন যা থেকে তিনি তার শত্রুকে জয় করেন। ব্যবসা এবং দোকানে অর্থ সংক্রান্ত সমস্যার জন্য বগলামুখী কবচ খুবই উপকারী। এই শুভ বগলামুখী কবচ জীবন থেকে নেতিবাচক শক্তি কমায়। কবচ আত্মার খারাপ প্রভাবও দূর করবে। এই কবচ বাড়িতে বা কর্মক্ষেত্রে একটি ইতিবাচক পরিবেশ তৈরি করে। এই কবচ আপনাকে ব্যবসা বা পেশায় সাফল্য পেতে সাহায্য করবে। এই কবচ আপনার কাঙ্ক্ষিত ভালবাসা পেতে সহায়ক. যাকে বগলামুখী কবচ আবৃত্তি করতে হয় কালো যাদু অশুভ আত্মা এবং গ্রহের অশুভ প্রভাবে আক্রান্ত

ব্যক্তিদের যথাযথ নিয়মে এই বগলামুখী কবচ পাঠ করতে হবে।

মন্ত্র তন্ত্র বিজ্ঞান (আধ্যাত্মিক ও জাগতিক সুখ লাভের গুপ্ত বিদ্যা)

ব্যক্তিদের যথাযথ নিয়মে এই বগলামুখী কবচ পাঠ করতে হবে।

শ্রীছিন্নমস্তাকবচম্

শ্রীছিন্নমস্তাকবচম্

শ্রীগণেশায় নমঃ । দেব্যুবাচ । কথিতাচ্ছিন্নমস্তায়া যা যা বিদ্যা সুগোপিতাঃ । ত্বয়া নাথেন জীবেশ শ্রুতাশ্চাধিগতা ময়া ॥ ১॥ ইদানীং শ্রোতুমিচ্ছামি কবচং সর্বসূচিতম্ । ত্রৈলোক্যবিজয়ং নাম কৃপয়া কথ্যতাং প্রভো ॥ ২॥ ভৈরব উবাচ । শ্রুণু বক্ষ্যামি দেবেশি সর্বদেবনমস্কৃতে । ত্রৈলোক্যবিজয়ং নাম কবচং সর্বমোহনম্ ॥ ৩॥ সর্ববিদ্যাময়ং সাক্ষাৎসুরাৎসুরজয়প্রদম্ । ধারণাৎপঠনাদীশস্ত্রৈলোক্যবিজয়ী বিভুঃ ॥ ৪॥ ব্রহ্মা নারায়ণো রুদ্রো ধারণাৎপঠনাদ্যতঃ । কর্তা পাতা চ সংহর্তা ভুবনানাং সুরেশ্বরি ॥ ৫॥ ন দেয়ং পরশিষ্যেভ্যোহভক্তেভ্যোহপি বিশেষতঃ । দেয়ং শিষ্যায় ভক্তায় প্রাণেভ্যোহপ্যধিকায় চ ॥ ৬॥ দেব্যাশ্চ ছিন্নমস্তায়াঃ কবচস্য চ ভৈরবঃ । ঋষিস্তু স্যাদ্বিরাট্ ছন্দো দেবতা ছিন্নমস্তকা ॥ ৭॥ ত্রৈলোক্যবিজয়ে মুক্তৌ বিনিয়োগঃ প্রকীর্তিতঃ । হুংকারো মে শিরঃ পাতু ছিন্নমস্তা বলপ্রদা ॥ ৮॥ হ্রাং হূং ঐং ত্র্যক্ষরী পাতু ভালং বক্ত্রং দিগম্বরা । শ্রীং হ্রীং হূং ঐং দৃশৌ পাতু মুণ্ডং কর্ত্রিধরাপি সা ॥ ৯॥ সা বিদ্যা প্রণবাদ্যন্তা শ্রুতিযুগ্মং সদাহ্বতু । বজ্রবৈরোচনীয়ে হূং ফট্ স্বাহা চ ধ্রুবাদিকা ॥ ১০॥ ঘ্রাণং পাতু ছিন্নমস্তা মুণ্ডকর্ত্রিবিধারিণী । শ্রীমায়াকূর্চবাগ্বীজৈর্বজ্রবৈরোচনীয়হূং ॥ ১১॥ হূং ফট্ স্বাহা মহাবিদ্যা ষোড়শী ব্রহ্মারূপিণী । স্বপার্শ্বে বর্ণিনী চাসৃগ্ধারাং পায়যতী মুদা ॥ ১২॥ বদনং সর্বদা পাতু ছিন্নমস্তা স্বশক্তিকা । মুণ্ডকর্ত্রিধরা রক্তা সাধকাভীষ্টদায়িনী ॥ ১৩॥ বর্ণিনী ডাকিনীযুক্তা সাপি মামভিতোহ্বতু । রামাদ্যা পাতু জিহ্বাং চ লজ্জাদ্যা পাতু

কণ্ঠকম্ ॥ ১৪॥ কূর্চাদ্যা হৃদয়ং পাতু বাগাদ্যা স্তনযুগ্মকম্ । রময়া পুটিতা বিদ্যা পার্শ্বে পাতু সুরেশ্বরী ॥ ১৫॥ মায়য়া পুটিতা পাতু নাভিদেশে দিগম্বরা । কূর্চেণ পুটিতা দেবী পৃষ্ঠদেশে সদাহবতু ॥ ১৬॥ বাগ্বীজপুটিতা চেষা মধ্যং পাতু সশক্তিকা । ঈশ্বরী কূর্চবাগ্বীজৈর্বজ্রৈবেরোচনীয়হুং ॥ ১৭॥ হূংফট্ স্বাহা মহাবিদ্যা কোটিসূর্য্যসমপ্রভা । ছিন্নমস্তা সদা পায়াদুরুয়ুগ্মং সশক্তিকা ॥ ১৮॥ ত্রীং হূং বর্ণিনী জানুং শ্রীং ত্রীং চ ডাকিনী পদম্ । সর্ব্ববিদ্যাস্থিতা নিত্যা সর্ব্বাঙ্গং মে সদাহবতু ॥ ১৯॥ প্রাচ্যাং পায়াদেকলিঙ্গা যোগিনী পাবকেহবতু । ডাকিনী দক্ষিণে পাতু শ্রীমহাভৈরবী চ মাম্ ॥ ২০॥ নৈরৃত্যাং সততং পাতু ভৈরবী পশ্চিমেহবতু । ইন্দ্রাক্ষী পাতু বায়ব্যেহসিতাঙ্গী পাতু চোত্তরে ॥ ২১॥ সংহারিণী সদা পাতু শিবকোণে সকর্ত্রিকা । ইত্যষ্টশক্তয়ঃ পান্তু দিগ্বিদিক্ষু সকর্ত্রিকাঃ ॥ ২২॥ ক্রীং ক্রীং ক্রীং পাতু সা পূর্ব্বং ত্রীং ত্রীং মাং পাতু পাবকে । হূং হূং মাং দক্ষিণে পাতু দক্ষিণে কালিকাহবতু ॥ ২৩॥ ক্রীং ক্রীং ক্রীং চৈব নৈরৃত্যাং ত্রীং ত্রীং চ পশ্চিমেহবতু । হূং হূং পাতু মরুৎকোণে স্বাহা পাতু সদোত্তরে ॥ ২৪॥ মহাকালী খড়্গহস্তা রক্ষঃকোণে সদাহবতু । তারো মায়া বধূঃ কূর্চং ফট্ কারোহয়ং মহামনুঃ ॥ ২৫॥ খড়্গকর্ত্রিধরা তারা চোর্দ্ধদেশং সদাহবতু । ত্রীং শ্রীং হূং ফট্ চ পাতালে মাং পাতু চৈকজটা সতী । তারা তু সহিতা খেহব্যান্মহানীলসরস্বতী ॥ ২৬॥ ইতি তে কথিতং দেব্যাঃ কবচং মন্ত্রবিগ্রহম্ । যদ্ধৃত্বা পঠনান্ভীমঃ ক্রোধাখ্যো ভৈরবঃ স্মৃতঃ ॥ ২৭॥ সুরাসুরমুনীন্দ্রাণাং কর্তা হর্তা ভবেৎস্বয়ম্ । যস্যাজ্ঞয়া মধুমতী যাতি সা সাধকালয়ম্ ॥

২৮॥ ভূতিন্যাদ্যাশ্চ ডাকিন্যা যক্ষিণ্যাদ্যাশ্চ খেচরাঃ । আজ্ঞাং গৃহ্ণন্তি তান্তস্য কবচস্য প্রসাদতঃ ॥ ২৯॥ এতদেবং পরং ব্রহ্মাকবচং মন্মুখোদিতম্ । দেবীমভ্যর্চ গন্ধাদ্যৈর্মূলেনৈব পঠেৎসকৃৎ ॥ ৩০॥ সংবৎসরকৃতায়াস্তু পূজায়াঃ ফলমাপ্নুয়াৎ । ভূর্জে বিলিখিতং চৈতদ্গুটিকাং কাঞ্চনস্হিতাম্ ॥ ৩১॥ ধারয়েদ্দক্ষিণে বাহৌ কণ্ঠে বা যদি বান্যতঃ । সর্বৈশ্বর্য্যযুতো ভূত্বা ত্রৈলোক্যং বশমানয়েৎ ॥ ৩২॥ তস্য গেহে বসেল্লক্ষ্মীর্বাণী চ বদনাম্বুজে । ব্রহ্মাস্ত্রাদীনি শস্ত্রাণি তদ্গাত্রে যান্তি সৌম্যতাম্ ॥ ৩৩॥ ইদং কবচমজ্ঞাত্বা যো ভজেচ্ছিন্নমস্তকাম্ । সোহপি শত্রুপ্রহারেণ মৃত্যুমাপ্নোতি সত্বরম্ ॥ ৩৪॥ ॥ ইতি শ্রীভৈরবতন্ত্রে ভৈরবভৈরবীসংবাদে ত্রৈলোক্যবিজয়ং নাম ছিন্নমস্তাকবচং সম্পূর্ণম্ ॥

চণ্ডীকবচম্

চণ্ডীকবচম্

শ্রীগণেশায় নমঃ । অস্য শ্রীচণ্ডীকবচস্য ব্রহ্মা ঋষিঃ , অনুষ্টুপ্ ছন্দঃ , চামুণ্ডা দেবতা , অঙ্গন্যাসোক্তমাতরো বীজম্ , দিগ্বন্ধদেবতাস্তত্ত্বম্ , শ্রীজগদদম্বাপ্রীত্যর্থে জপে বিনিয়োগঃ । ওঁ নমশ্চণ্ডিকায়ৈ । ওঁ মার্কণ্ডেয় উবাচ । ওঁ যদগুহ্যং পরমং লোকে সর্ব্বরক্ষাকরং নৃণাম্ । যন্ন কস্যচিদাখ্যাতং তন্মে ব্রূহি পিতামহ ॥ ১॥ ব্রহ্মোবাচ । অস্তি গুহ্যতমং বিপ্র সর্ব্বভূতোপকারকম্ । দেব্যাস্তু কবচং পুণ্যং তচ্ছৃণুষ্ব মহামুনে ॥ ২॥ প্রথমং শৈলপুত্রীতি দ্বিতীয়ং ব্রহ্মচারিণী । তৃতীয়ং চন্দ্রঘণ্টেতি কূষ্মাণ্ডেতি চতুর্থকম্ ॥ ৩॥ পঞ্চমং স্কন্দমাতেতি ষষ্ঠং কাত্যায়নীতি চ । সপ্তমং কালরাত্রিশ্চ মহাগৌরীতি চাষ্টমম্ ॥ ৪॥ নবমং সিদ্ধিদাত্রী চ নবদুর্গাঃ প্রকীর্তিতাঃ । উক্তান্যেতানি নামানি ব্রহ্মণৈব মহাত্মনা ॥ ৫॥ অগ্নিনা দহ্যমানস্তু শত্রুমধ্যে গতো রণে । বিষমে দুর্গে চৈব ভয়ার্তাঃ শরণং গতাঃ ॥ ৬॥ ন তেষাং জায়তে কিঞ্চিদশুভং রণসঙ্কটে । নাপদং তস্য পশ্যামি শোকদুঃখভয়ং নহি ॥ ৭॥ যৈস্তু ভক্ত্যা স্মৃতা নূনং তেষাং সিদ্ধিঃ প্রজায়তে । যে ত্বাং স্মরন্তি দেবেশি রক্ষসে

তান্ন সংশয়ঃ । ৮॥ প্রেতসংস্থা তু চামুণ্ডা বারাহী মহিষাসনা । ঐন্দ্রী গজসমারূঢা বৈষ্ণবী গরুডাসনা ॥ ৯॥ মাহেশ্বরী বৃষারূঢা কৌমারী শিখিবাহনা । লক্ষ্মীঃ পদ্মাসনা দেবী পদ্মহস্তা হরিপ্রিয়া ॥ ১০॥ শ্বেতরূপধরা দেবী ঈশ্বরী বৃষবাহনা । ব্রাহ্মী হংসসমারূঢা সর্বাভরণভূষিতা ॥ ১১॥ ইত্যেতা মাতরঃ সর্বাঃ সর্বযোগসমন্বিতাঃ । নানাভরণশোভাঢ্যা নানারত্নোপশোভিতা ॥ ১২॥ দৃশ্যন্তে রথমারূঢা দেব্যঃ ক্রোধসমাকুলাঃ । শঙ্খং চক্রং গদাং শক্তিং হলং চ মুসলায়ুধম্ ॥ ১৩॥ খেটকং তোমরং চৈব পরশুং পাশমেব চ । কুন্তায়ুধং ত্রিশূলং চ শার্ঙ্গমায়ুধমুত্তমম্ ॥ ১৪॥ দৈত্যানাং দেহনাশায় ভক্তানামভয়ায় চ । ধারয়ন্ত্যায়ুধানীথং দেবানাং চ হিতায় বৈ ॥ ১৫॥ নমস্তেহস্তু মহারৌদ্রে মহাঘোরপরাক্রমে । মহাবলে মহোৎসাহে মহাভয়বিনাশিনী ॥ ১৬॥ ত্রাহি মাং দেবি দুষ্প্রেক্ষ্যে শত্রুণাং ভয়বর্ধিনি । প্রাচ্যাং রক্ষতু মামৈন্দ্রী আগ্নেয়ামগ্নিদেবতা ॥ ১৭॥ দক্ষিণেহবতু বারাহী নৈরৃত্যাং খড়্গধারিণী । প্রতীচ্যাং বারুণী রক্ষেদ্বায়ব্যাং মৃগবাহিনী ॥ ১৮॥ উদীচ্যাং রক্ষ কৌবেরি ঈশান্যাং শূলধারিণী । ঊর্ধ্বং ব্রহ্মাণী মে রক্ষেদধস্তাদ্বৈষ্ণবী তথা ॥ ১৯॥ এবং দশ দিশো রক্ষেচ্চামুণ্ডা শববাহনা । জয়া মে অগ্রতঃ স্থাতু বিজয়া স্থাতু পৃষ্ঠতঃ ॥ ২০॥ অজিতা বামপার্শ্বে তু দক্ষিণে চাপরাজিতা । শিখাং মে দ্যোতিনী রক্ষেদুমা মূর্ধ্নি ব্যবস্থিতা ॥ ২১॥ মালাধরী ললাটে চ ভ্রুবৌ রক্ষেদ্যশস্বিনী । ত্রিনেত্রা চ ভ্রুবোর্মধ্যে যমঘণ্টা চ নাসিকে ॥ ২২॥ শঙ্খিনী চক্ষুষোর্মধ্যে শ্রোত্রয়োর্দ্বারবাসিনী । কপোলৌ কালিকা রক্ষেৎকর্ণমূলে তু শাঙ্করী ॥ ২৩॥ নাসিকায়াং

সুগন্ধা চ উত্তরোষ্ঠে চ চর্চিকা । অধরে চামৃতকলা জিহ্বায়াং চ সরস্বতী ॥ ২৪॥ দন্তান্ রক্ষতু কৌমারী কণ্ঠমধ্যে তু চণ্ডিকা । ঘণ্টিকাং চিত্রঘণ্টা চ মহামায়া চ তালুকে ॥ ২৫॥ কামাক্ষী চিবুকং রক্ষেদ্বাচং মে সর্বমঙ্গলা । গ্রীবায়াং ভদ্রকালী চ পৃষ্ঠবংশে ধনুধরী ॥ ২৬॥ নীলগ্রীবা বহিঃকণ্ঠে নলিকাং নলকূবরী । স্কন্ধয়োঃ খড়গিনী রক্ষেদ্ বাহূ মে বজ্রধারিণী ॥ ২৭॥ খড়্গধারিণ্যুভৌ স্কন্ধৌ হস্তয়োর্দণ্ডিনী রক্ষেদম্বিকা চাঙ্গুলীস্তথা । নখাঞ্ছুলেশ্বরী রক্ষেৎ কুক্ষৌ রক্ষেন্নলেশ্বরী ॥ ২৮॥ স্তনৌ রক্ষেন্মহালক্ষ্মীর্মনঃশোকবিনাশিনী । হৃদয়ে ললিতাদেবী উদরে শূলধারিণী ॥ ২৯॥ নাভৌ চ কামিনী রক্ষেদগুহ্যং গুহ্যেশ্বরী তথা । পূতনা কামিকা মেঢ্রং গুদে মহিষবাহিনী ॥ ৩০॥ ভূতনাথা চ মেঢ্রং চ কট্যাং ভগবতী রক্ষেজ্জানুনী বিন্ধ্যবাসিনী । জঙ্ঘে মহাবলা প্রোক্তা সর্বকামপ্রদায়িনী ॥ ৩১॥ গুল্ফয়োর্নারসিংহী চ পাদৌ চামিততেজসী । পাদাঙ্গুলীঃ শ্রীর্মে রক্ষেৎপাদাধস্তলবাসিনী ॥ ৩২॥ নখান্দংষ্ট্রাকরালী চ কেশাংশ্চৈবোর্ধ্বকেশিনী । রোমকূপেষু কৌবেরী ত্বচং বাগীশ্বরী তথা ॥ ৩৩॥ রক্তমজ্জাবমাংসান্যস্থিমেদাংসী পার্বতী । অন্ত্রাণি কালরাত্রিশ্চ পিত্তং চ মুকুটেশ্বরী ॥ ৩৪॥ পদ্মাবতী পদ্মকোশে কফে চুডামণিস্তথা । জ্বালামুখী নখজ্বালা অভেদ্যা সর্বসন্ধিষু ॥ ৩৫॥ শুক্রং ব্রহ্মাণী মে রক্ষেচ্ছায়াং ছত্রেশ্বরী তথা । অহঙ্কারং মনো বুদ্ধিং রক্ষ মে ধর্মচারিণি ॥ ৩৬॥ প্রাণাপানৌ তথা ব্যানং সমানোদানমেব চ । বজ্রহস্তা চ মে রেক্ষেৎপ্রাণং কল্যাণশোভনা ॥ ৩৭॥ রসে রূপে চ গন্ধে চ শব্দে স্পর্শে চ যোগিনী । সত্ত্বং রজস্তমৈশ্চৈব রক্ষেন্নারায়ণী সদা ॥

৩৮॥ আয়ূ রক্ষতু বারাহী ধর্মং রক্ষতু বৈষ্ণবী । যশঃ কীর্তিং চ লক্ষ্মীং চ ধনং বিদ্যাং চ চক্রিণী ॥ ৩৯॥ গোত্রমিন্দ্রাণী মে রক্ষেৎপশূন্মে রক্ষ চণ্ডিকে । পুত্রান্ রক্ষেন্মহালক্ষ্মীর্ভার্যাং রক্ষতু ভৈরবী ॥ ৪০॥ পন্থানং সুপথা রক্ষেন্মার্গং ক্ষেমকরী তথা । রাজদ্বারে মহালক্ষ্মীর্বিজয়া সর্বতঃ স্থিতা ॥ ৪১॥ রক্ষাহীনং তু যৎস্থানং বর্জিতং কবচেন তু । তৎসর্বং রক্ষ মে দেবি জয়ন্তী পাপনাশিনী ॥ ৪২॥ পদমেকং ন গচ্ছেত্তু যদীচ্ছেচ্ছুভমাত্মনঃ । কবচেনাবৃতো নিত্যং যত্র যত্রাধিগচ্ছতি ॥ ৪৩॥ তত্র তত্রার্থ লাভশ্চ বিজয়ঃ সার্বকামিকঃ । যং যং কাময়তে কামং তং তং প্রাপ্নোতি নিশ্চিতম্ । পরমৈশ্বর্যমতুলং প্রাপ্স্যতে ভূতলে পুমান্ ॥ ৪৪॥ নির্ভয়ো জায়তে মর্ত্যঃ সঙ্গ্রামেষ্ব পরাজিতঃ । ত্রৈলোক্যে তু ভবেৎপূজ্যঃ কবচেনাবৃতঃ পুমান্ ॥ ৪৫॥ ইদং তু দেব্যাঃ কবচং দেবানামপি দুর্লভম্ । যঃ পঠেৎপ্রয়তো নিত্যং ত্রিসন্ধ্যং শ্রদ্ধয়ান্বিতঃ ॥ ৪৬॥ দৈবী কলা ভবেত্তস্য ত্রৈলোকেষ্ব পরাজিতঃ । জীবেদ্বর্ষশতং সাগ্রমপমৃত্যু বিবর্জিতঃ ॥ ৪৭॥ নশ্যন্তি ব্যাধয়ঃ সর্বে লূতাবিস্ফোটকাদয়ঃ । স্থাবরং জঙ্গমং বাপি কৃত্রিমং চাপি যদ্বিষম্ ॥ ৪৮॥ অভিচারাণি সর্বাণি মন্ত্রয়ন্ত্রাণি ভূতলে । ভূচরাঃ খেচরাশ্চেব জলজাশ্চাপদেশিকাঃ ॥ ৪৯॥ সহজাঃ কুলজা মালাঃ শাকিনী ডাকিনী তথা । অন্তরিক্ষচরা ঘোরা ডাকিন্যশ্চ মহাবলাঃ ॥ ৫০॥ গ্রহভূতপিশাচাশ্চ যক্ষগন্ধর্বরাক্ষসাঃ । ব্রহ্মারাক্ষসবেতালাঃ কূষ্মাণ্ডা ভৈরবাদয়ঃ ॥ ৫১॥ নশ্যন্তি দর্শনাত্তস্য কবচে হৃদি সংস্থিতে । মানোন্নতির্ভবেদ্রাজ্ঞস্তেজোবৃদ্ধিকরং পরম্ ॥ ৫২॥ যশসা

বর্ধতে সোঽপি কীর্তিমণ্ডিতভূতলে । জপেৎসপ্তশতীং চণ্ডীং কৃত্বা তু কবচং পুরা ॥ ৫৩॥ যাবদৃভূমণ্ডলং ধত্তে সশৈলবনকাননম্ । তাবত্তিষ্ঠতি মেদিন্যাং সন্ততিঃ পুত্রপৌত্রকী ॥ ৫৪॥ দেহান্তে পরমং স্থানং যৎসুরৈররপি দুর্লভম্ । প্রাপ্নোতি পুরুষো নিত্যং মহামায়াপ্রসাদতঃ ॥ ৫৫॥ লভতে পরমং রূপং শিবেন সহ মোদতে ॥ ৫৬॥ ॥ ইতি শ্রীবারাহপুরাণে হরিহরব্রহ্মাবিরচিতং দেব্যাঃ কবচং সম্পূর্ণম্ ॥

ত্রৈলোক্যবিজয়বিদ্যা

ত্রৈলোক্যবিজয়বিদ্যা

॥ অথ ত্রৈলোক্যবিজয়বিদ্যা ॥ ঈশ্বর উবাচ ত্রৈলোক্যবিজয়াং বক্ষ্যে সর্বযত্রবিমর্দিনীম্ ॥ ১॥ ওঁ হুং ক্ষুং হুং ওঁ নমো ভগবতি দংষ্ট্রণি ভীমবক্ত্রে মহোগ্ররূপে হিলি হিলি রক্তনেত্রে কিলি কিলি মহানিস্বনে কুলু ওঁ নির্মাংসে কট কট গোনসাভরণে চিলি চিলি শবমালাধারিণি দ্রাবয়, ওঁ মহারৌদ্রি সার্দ্রচর্মকৃতাচ্ছদে বিজৃম্ভ, ওঁ পূত্যাসিলতাধারিণি, ভ্রুকুটীকৃতাপাঙ্গে বিষমনেত্রকৃতাননে বসামেদো বিলিপ্তগাত্রে কহ কহ, ওঁ হস হস ক্রুদ্ধ ক্রুদ্ধ ওঁ নীলজীমূতবর্ণেহিভ্রমালাকৃতাভরণে বিস্ফুর, ওঁ ঘণ্টারবাবকীর্ণদিহে, ওঁ সিংসিস্নেহরুণবর্ণে, উঁ হ্রাং হ্রীং হুং রৌদ্র রূপে হ্রঁ হ্রীং ক্লীং ওঁ হ্রীং হুঁ ওমাকর্ষয় ওঁ ধূন ধূন, ওঁ হে হঃ খঃ বজ্রিণি ভিন্দ, ওঁ মহাকায়ে ছিন্দ ওঁ করালিনি কিটি কিটি মহাভূতমাতঃ সর্বদুষ্টনিবারিণি জয়ে, ওঁ বিজয়ে ওঁ ত্রৈলোক্য বিজয়ে হুং ফট্ স্বাহা ॥ ২॥ নীলবর্ণাং প্রেতসংস্থাং বিংশহস্তাং যজেজ্জয়ে । ন্যাসং কৃত্বা তু পঞ্চাঙ্গং রক্তপুষ্পাণি হোময়েৎ । সঙ্গ্রামে সৈন্যভঙ্গঃ

স্যাত্ত্রৈলোক্যবিজয়াপঠাৎ ॥ ৩॥ ওঁ বহুরূপায় স্তম্ভয় স্তম্ভয়, ওঁ মোহয়, ওঁ সর্বশত্রূন্দ্রাবয়, ওঁ ব্রহ্মাণমাকর্ষয়, ওঁ বিষ্ণুমাকর্ষয়, ওঁ মহেশ্বরমাকর্ষয়, ওমিন্দ্রং টালয়, ওঁ পর্বতাংশ্চালয়, ওঁ সপ্তসাগরাঞ্চুশোষয়, ওঁ ছিন্দচ্ছিন্দ বহুরূপায় নমঃ ॥ ৪॥ ভুজঙ্গং নামমৃণ্মূর্তিসংস্থং বিদ্যাদরিং ততঃ ॥ ৫॥ ইতি ত্রৈলোক্যবিজয়বিদ্যা সম্পূর্ণা ॥

ধনদাকবচম্

ধনদাকবচম্

দেব্যুবাচ ধনদা যা মহাবিদ্যা কথিতা ন প্রকাশিতা ।
ইদানীং শ্রোতুমিচ্ছামি কবচং পূর্বসূচিতম্ ॥ শিব উবাচ
শৃণু দেবি প্রবক্ষ্যামি কবচং মংত্রবগ্রহম্ । সারাৎসারতরং
দেবি কবচং মন্মুখোদিতম্ ॥ ধনদা কবচস্যাস্য কুবের
ঋষিরীরিতঃ । পংক্তিশ্ছন্দো দেবতা চ ধনদা সিদ্ধিদা সদা
॥ ধর্মার্থকামমোক্ষেষু বিনিয়োগঃ প্রকীর্তিতঃ । ধং বীজং
মে শিরঃ পাতু হ্রীং বীজং মে ললাটকম্ ॥ শ্রী বীজং মে
মুখ পাতু রকারং হৃদি মেঽবতু । তিকারং পাতু জঠরং
প্রিকারং পৃষ্ঠতোঽবতু । যেকারং জংঘয়োর্যুগ্মে স্বাকারং
পাদয়োর্যুগে । শীর্ষাদিপাদপর্যন্তং হাকারং সর্বতোঽবতু ॥
ইত্যেতৎ কথিতং কান্তে কবচং সর্বসিদ্ধিদম্ । গুরুমভ্যর্চ্য
বিধিবৎ কবচং প্রপঠেদ্যদি ॥ শতবর্ষং সহস্রাণাং
সহস্রাণাং পূজায়াঃ ফলমাপ্নুয়াৎ । গুরুপূজাং বিনা দেবি
নহি সিদ্ধিঃ প্রজায়তে ॥ গুরুপূজাৎপরো ভূত্বা কবচং
প্রপঠেত্ততঃ । সর্বসিদ্ধিযুতো ভূত্বা বিচরেদ্ ভৈরবো যথা ॥
প্রাতঃকালে পঠেদ্যস্তু মংত্রজাপপুরঃ সরম্ ।
সোঽভীষ্টফলমাপ্নোতি সত্যং সত্যং ন সংশয়ঃ ॥

পূজাকালে পঠেদ্যস্তু দেবীং ধ্যাত্বা হৃদম্বুজে । ষণ্মাসাভ্যন্তরে সিদ্ধির্নাত্র কার্যা বিচারণা । সায়ংকালে পঠেদ্যস্তু স শিবো নাত্র সংশয়ঃ । ভূর্জে বিলিখৃত গুটিকাং স্বর্ণস্হাং ধারয়েদ্যদি ॥ পুরুষো দক্ষিণে বাহৌ যোষিদ্বামভুজে তথা । দক্ষিণে বাহৌ যোষিদ্বামভুজে তথা । সর্বসিদ্ধিযুতী ভূত্বা ধনবান্ পুত্রবান্ ভবেৎ ॥ ইদং কবচমজ্ঞাত্বা যো জপেদ্ধনদাং শুভে । শস্ত্রঘাতমবাপ্নোতি সোঽচিরান্মৃত্যুমাপ্নুয়াৎ ॥ কবচেনাবৃতো নিত্যং হি যত্রৈব গচ্ছতি । তত্রৈব স মহাদেবি সম্পূজ্যা নাত্র সংশয়ঃ ॥ ॥ ইতি ধনদা কবচং সম্পূর্ণম্ ॥

শিবকবচং অমোঘশিবকবচং চ

শিবকবচং অমোঘশিবকবচং চ

শ্রীসাম্বসদাশিবকবচস্তোত্রম্ শ্রীগণেশায় নমঃ । ॥ অথ শিবকবচম্ ॥ বিনিয়োগঃ । অস্য শ্রীশিবকবচস্তোত্রমন্ত্রস্য, ব্রহ্মা ঋষিঃ, বৃষভ ঋষিঃ, অনুষ্টুপ্ছন্দঃ, শ্রীসদাশিবরুদ্রো দেবতা, হ্রীং শক্তিঃ, বং কীলকম্, শ্রীং হ্রীং ক্লীং বীজম্, শ্রীসদাশিবপ্রীত্যর্থে শিবকবচস্তোত্রজপে বিনিয়োগঃ ॥ ॥ ঋষ্যাদিন্যাসঃ ॥ ওঁ ব্রহ্মঋষয়ে নমঃ শিরসি । অনুষ্টুপ্ ছন্দসে নমঃ, মুখে । শ্রীসদাশিবরুদ্রদেবতায় নমঃ হৃদি । হ্রীং শক্তয়ে নমঃ, পাদয়োঃ । বং কীলকায় নমঃ নাভৌ । শ্রী হ্রীং ক্লীমিতি বীজায় নমঃ গুহ্যে । বিনিয়োগায় নমঃ, সর্বাঙ্গে ॥ ॥ অথ করন্যাসঃ ॥ ওঁ নমো ভগবতে জ্বলজ্জ্বালামালিনে ওঁ হ্রীং রাং সর্বশক্তিধাম্নে ঈশানাত্মনে অঙ্গুষ্ঠাভ্যাং নমঃ । ওঁ নমো ভগবতে জ্বলজ্জ্বালামালিনে ওঁ নং রীং নিত্যতৃপ্তিধাম্নে তৎপুরুষাত্মনে তর্জনীভ্যাং নমঃ । ওঁ নমো ভগবতে জ্বলজ্জ্বালামালিনে ওঁ মং রাং অনাদিশক্তিধাম্নে অঘোরাত্মনে মধ্যমাভ্যাং নমঃ । ওঁ নমো ভগবতে জ্বলজ্জ্বালামালিনে ওঁ শিং রৈং

স্বতন্ত্রশক্তিধাম্নে বামদেবাত্মনে অনামিকাভ্যাং নমঃ । ওঁ নমো ভগবতে জ্বলজ্জ্বালামালিনে ওঁ বাং রৌং অলুপ্তশক্তিধাম্নে সদ্যোজাতাত্মনে কনিষ্ঠিকাভ্যাং নমঃ । ওঁ নমো ভগবতে জ্বলজ্জ্বালামালিনে ওঁ যং রঃ অনাদিশক্তিধাম্নে সর্বাত্মনে করতলকরপৃষ্ঠাভ্যাং নমঃ ॥ ॥ হৃদয়াদ্যঙ্গন্যাসঃ ॥ ওঁ নমো ভগবতে জ্বলজ্জ্বালামালিনে ওঁ হ্রীং রাং সর্বশক্তিধাম্নে ঈশানাত্মনে হৃদয়ায় নমঃ । ওঁ নমো ভগবতে জ্বলজ্জ্বালামালিনে ওঁ নং রীং নিত্যতৃপ্তিধাম্নে তৎপুরুষাত্মনে শিরসে স্বাহা । ওঁ নমো ভগবতে জ্বলজ্জ্বালামালিনে ওঁ মং রুং অনাদিশক্তিধাম্নে অঘোরাত্মনে শিখায়ে বষট্ । ওঁ নমো ভগবতে জ্বলজ্জ্বালামালিনে ওঁ শিং রৈং স্বতন্ত্রশক্তিধাম্নে বামদেবাত্মনে কবচায় হুম্ । ওঁ নমো ভগবতে জ্বলজ্জ্বালামালিনে ওঁ বাং রৌং অলুপ্তশক্তিধাম্নে সদ্যোজাতাত্মনে নেত্রত্রয়ায় বৌষট্ । ওঁ নমো ভগবতে জ্বলজ্জ্বালামালিনে ওঁ যং রঃ অনাদিশক্তিধাম্নে সর্বাত্মনে অস্ত্রায় ফট্ ॥ অথ ধ্যানম্ বজ্রদংষ্ট্রং ত্রিনয়নং কালকণ্ঠমরিন্দমম্ । সহস্রকরমপ্যুগ্রং বন্দে শম্ভুমুমাপতিম্ ॥ রুদ্রাক্ষকঙ্কণলসৎকরদণ্ডযুগ্মঃ পালান্তরালসিতভস্মধৃতত্রিপুণ্ড্রঃ । পঞ্চাক্ষরং পরিপঠন্ বরমন্ত্ররাজং ধ্যায়ন্ সদা পশুপতিং শরণং ব্রজেথাঃ ॥ অতঃ পরং সর্বপুরাণগুহ্যং নিঃশেষপাপৌঘহরং পবিত্রম্ । জয়প্রদং সর্ববিপৎপ্রমোচনং বক্ষ্যামি শৈবং কবচং হিতায় তে ॥ ॥ অথ কবচম্ ॥ ঋষভ উবাচ । নমস্কৃত্য মহাদেবং বিশ্বব্যাপিনমীশ্বরম্ । বক্ষ্যে শিবময়ং বর্ম সর্বরক্ষাকরং নৃণাম্ ॥ ১॥ শুচৌ দেশে সমাসীনো যথাবৎ কল্পিতাসনঃ । জিতেন্দ্রিয়ো

জিতপ্রাণশ্চিন্তয়েচ্ছিবমব্যম্ ॥ ২॥ হৃৎপুণ্ডরীকান্তরসংনিবিষ্টং স্বতেজসা ব্যাপ্তনভোহবকাশম্ । অতীন্দ্রিয়ং সূক্ষমনন্তমাদ্যং ধ্যায়েৎ পরানন্দময়ং মহেশম্ ॥ ৩॥ ধ্যানাবধূতাখিলকর্মবন্ধশ্চিরং চিদান্দনিমগ্নচেতাঃ । ষডক্ষরন্যাসসমাহিতাত্মা শৈবেন কুর্যাৎকবচেন রক্ষাম্ ॥ ৪॥ মাং পাতু দেবোহখিলদেবতাত্মা সংসারকূপে পতিতং গভীরে । তন্নাম দিব্যং বরমন্ত্রমূলং ধুনোতু মে সর্বমঘং হৃদিস্থম্ ॥ ৫॥ সর্বত্র মাং রক্ষতু বিশ্বমূর্তির্জ্যোতির্ময়ানন্দঘনশ্চিদাত্মা । অণোরণীয়ানুরুশক্তিরেকঃ স ঈশ্বরঃ পাতু ভয়াদশেষাৎ ॥ ৬॥ যো ভূস্বরূপেণ বিভর্তি বিশ্বং পায়াৎস ভূমের্গিরিশোহষ্টমূর্তিঃ । যোহপাং স্বরূপেণ নৃণাং করোতি সঞ্জীবনং সোহবতু মাং জলেভ্যঃ ॥ ৭॥ কল্পাবসানে ভুবনানি দগ্ধ্বা সর্বাণি যো নৃত্যতি ভূরিলীলঃ । স কালরুদ্রোহবতু মাং দবাগ্নের্বাত্যাদিভীতেরখিলাচ্চ তাপাৎ ॥ ৮॥ প্রদীপ্তবিদ্যুৎকনকাবভাসো বিদ্যাবরাভীতিকুঠারপাণিঃ । চতুর্মুখস্তৎপুরুষস্ত্রিনেত্রঃ প্রাচ্যাং স্থিতং রক্ষতু মামজস্রম্ ॥ ৯॥ কুঠারবেদাঙ্কুশপাশশূলকপালঢক্কাক্ষগুণান্দধানঃ । চতুর্মুখো নীলরুচিস্ত্রিনেত্রঃ পায়াদঘোরো দিশি দক্ষিণস্যাম্ ॥ ১০॥ কুন্দেন্দুশঙ্খস্ফটিকাবভাসো বেদাক্ষমালাবরদাভয়াঙ্কঃ । ত্র্যক্ষশ্চতুর্বক্ত্র উরুপ্রভাবঃ সদ্যোহধিজাতোহবতু মাং প্রতীচ্যাম্ ॥ ১১॥ বরাক্ষমালাভয়টঙ্কহস্তঃ সরোজকিঞ্জল্কসমানবর্ণঃ । ত্রিলোচনশ্চারুচতুর্মুখো মাং পায়াদুদিচ্যাং দিশি বামদেবঃ ॥ ১২॥ বেদাভয়েষ্টাঙ্কুশটঙ্কপাশকপালঢক্কাক্ষশূলপাণিঃ

। পাশটঙ্ক সিতদ্যুতিঃ পঞ্চমুখোহবতান্মামীশান ঊর্ধ্বং পরমপ্রকাশঃ ॥ ১৩॥ মূর্ধানমব্যান্মম চন্দ্রমৌলির্ভালং মমাব্যাদথ ভালনেত্রঃ । নেত্রে মমাব্যাদ্ত্রিগনেত্রহারী নাসাং সদা রক্ষতু বিশ্বনাথঃ ॥ ১৪॥ পায়াচ্ছ্রুতী মে শ্রুতিগীতকীর্তিঃ কপোলমব্যাৎসততং কপালী । বক্ত্রং সদা রক্ষতু পঞ্চবক্ত্রো জিহ্বাং সদা রক্ষতু বেদজিহ্বঃ ॥ ১৫॥ কণ্ঠং গিরীশোহবতু নীলকণ্ঠঃ পাণিদ্বয়ং পাতু পিনাকপাণিঃ । দোর্মূলমব্যান্মম ধর্মবাহুর্বক্ষঃস্থলং দক্ষমখান্তকোহব্যাৎ ॥ ১৬॥ মমোদরং পাতু গিরীন্দ্রধন্বা মধ্যং মমাব্যান্মদনান্তকারী । হেরম্বতাতো মম পাতু নাভিং পায়াৎকটী ধূর্জটিরীশ্বরো মে ॥ ১৭॥ ঊরুদ্বয়ং পাতু কুবেরমিত্রো জানুদ্বয়ং মে জগদীশ্বরোহব্যাৎ । জঙ্ঘাযুগং পুঙ্গবকেতুরব্যাৎপাদৌ মমাব্যাৎসুরবন্দ্যপাদঃ ॥ ১৮॥ মহেশ্বরঃ পাতু দিনাদিয়ামে মাং মধ্যযামেহবতু বামদেবঃ । ত্রিয়ম্বকঃ পাতু তৃতীয়যামে বৃষধ্বজঃ পাতু দিনান্ত্যযামে ॥ ১৯॥ পায়ান্নিশাদৌ শশিশেখরো মাং গঙ্গাধরো রক্ষতু মাং নিশীথে । গৌরীপতিঃ পাতু নিশাবসানে মৃত্যুঞ্জয়ো রক্ষতু সর্বকালম্ ॥ ২০॥ অন্তঃস্থিতং রক্ষতু শঙ্করো মাং স্থাণুঃ সদা পাতু বহিঃস্থিতং মাম্ । তদন্তরে পাতু পতিঃ পশূনাং সদাশিবো রক্ষতু মাং সমন্তাৎ ॥ ২১॥ তিষ্ঠন্তমব্যাদ্ভুবনৈকনাথঃ পায়াদ্ব্রজন্তং প্রমথাধিনাথঃ । বেদান্তবেদ্যোহবতু মান্নিষণ্ণং মামব্যয়ঃ পাতু শিবঃ শয়ানম্ ॥ ২২॥ মার্গেষু মাং রক্ষতু নীলকণ্ঠঃ শৈলাদিদুর্গেষু পুরত্রয়ারিঃ । অরণ্যবাসাদিমহাপ্রবাসে পায়ান্মৃগব্যাধ উদারশক্তিঃ ॥ ২৩॥ কল্পান্তকাটোপপটুপ্রকোপঃ স্ফুটাট্টহাসোচ্চলিতাণ্ডকোশঃ ।

ঘোরারিসেনার্ণবদুর্নিবারমহাভয়াদ্রক্ষতু বীরভদ্রঃ ॥ ২৪॥
পত্ত্যশ্বমাতঙ্গঘটাবরূথসহস্রলক্ষায়ুতকোটিভীষণম্ ।
অক্ষৌহিণীনাং শতমাততায়িনাং ছিন্দ্যান্মৃডো
ঘোরকুঠারধারয়া ॥ ২৫॥ নিহন্তু
দস্যূন্প্রলয়ানলার্চির্জ্বলত্ত্রিশূলং ত্রিপুরান্তকস্য ।
শার্দূলসিংহর্ক্ষবৃকাদিহিংস্রান্সন্ত্রাসয়ত্বীশধনুঃ পিনাকম্ ॥
২৬॥ দুঃস্বপ্নদুঃশকুনদুর্গতিদৌর্মনস্যদুর্ভিক্ষদুর্ব্যস
নদুঃসহদুর্যশাংসি ।
উৎপাততাপবিষভীতিমসদ্গ্রহার্তিব্যাধীংশ্চ নাশয়তু মে
জগতামধীশঃ ॥ ২৭॥ ওঁ নমো ভগবতে সদাশিবায়
সকলতত্ত্বাত্মকায় সকলতত্ত্ববিহারায় সকললৌকিককর্ত্রে
সকললৌকিকভর্ত্রে সকললৌকিকহর্ত্রে
সকললৌকিককগুরবে সকললৌকিকসাক্ষিণে
সকলনিগমগুহ্যায় সকলবরপ্রদায়
সকলদুরিতার্তিভঞ্জনায় সকলজগদভয়ঙ্করায়
সকললৌকিকশঙ্করায় শশাঙ্কশেখরায় শাশ্বতনিজাভাসায়
নির্গুণায় নিরুপমায় নীরূপায় নিরাভাসায় নিরাময়ায়
নিষ্প্রপঞ্চায় নিষ্কলঙ্কায় নির্দ্বন্দ্বায় নিঃসঙ্গায় নির্মলায়
নির্গমায় নিত্যরূপবিভবায় নিরুপমবিভবায় নিরাধারায়
নিত্যশুদ্ধবুদ্ধপরিপূর্ণসচ্চিদানন্দাদ্বয়ায়
পরমশান্তপ্রকাশতেজোরূপায় জয়জয় মহারুদ্র মহারৌদ্র
ভদ্রাবতার দুঃখদাবদারণ মহাভৈরব কালভৈরব
কল্পান্তভৈরব কপালমালাধর
খট্বাঙ্গখড়্গচর্মপাশাঙ্কুশডমরুশূলচাপবাণগদাশক্তিভি
ণ্ডিপাল- var ভিন্দি
তোমরমুসলমুদ্গরপট্টিশপরশুপরিঘভুশুণ্ডীশতঘ্নীচক্রা
দ্যায়ুধ- ভীষণকরসহস্র মুখদংষ্ট্রাকরাল

বিকটাট্টহাসবিস্ফারিতব্রহ্মাণ্ডমণ্ডল নাগেন্দ্রকুণ্ডল নাগেন্দ্রহার নাগেন্দ্রবলয় নাগেন্দ্রচর্মধর মৃত্যুঞ্জয় ত্র্যম্বক ত্রিপুরান্তক বিরূপাক্ষ বিশ্বেশ্বর বিশ্বরূপ বৃষভবাহন বিষভূষণ বিশ্বতোমুখ সর্বতো রক্ষ রক্ষ মাং জ্বলজ্বল মহামৃত্যুভয়মপমৃত্যুভয়ং নাশয়নাশয় রোগভয়মুৎসাদয়োৎসাদয় বিষসর্পভয়ং শময়শময় চোরভয়ং মারয়মারয় মম শত্রূনুচ্চাটয়োচ্চাটয় শূলেন বিদারয় বিদারয় কুঠারেণ ভিন্ধিভিন্ধি খড়্গেন ছিন্ধিছিন্ধি খট্টাঙ্গেন বিপোথয় বিপোথয় মুসলেন নিষ্পেষয়নিষ্পেষয় বাণৈঃ সন্তাডয় সন্তাডয় রক্ষাংসি ভীষয়ভীষয় ভূতানি বিদ্রাবয়বিদ্রাবয়

কৃষ্মাণ্ডবেতালমারীগণব্রহ্মারাক্ষসান্সন্ত্রাসয়সন্ত্রাসয় মামভয়ং কুরুকুরু বিত্রস্তং মামাশ্বাসয়াশ্বাসয় নরকভয়ান্মামুদ্ধারয়োদ্ধারয় সঞ্জীবয়সঞ্জীবয় ক্ষুত্তৃড়্ভ্যাং মামাপ্যায়য়াপ্যায়য় দুঃখাতুরং মামানন্দয়ানন্দয় শিবকবচেন মামাচ্ছাদয়াচ্ছাদয় ত্র্যম্বক সদাশিব নমস্তে নমস্তে নমস্তে । পূর্ববৎ হৃদ্যাদি ন্যাসঃ । পঞ্চপূজা ॥ ভূর্ভুবস্সুবরোমিতি দিগ্বিমিকঃ ॥ ফলশ্রুতিঃ । ঋষভ উবাচ । ইত্যেতৎকবচং শৈবং বরদং ব্যাহৃতং ময়া । সর্ববাধাপ্রশমনং রহস্যং সর্বদেহিনাম্ ॥ ২৮॥ যঃ সদা ধারয়েন্মর্ত্যঃ শৈবং কবচমুত্তমম্ । ন তস্য জায়তে ক্বাপি ভয়ং শম্ভোরনুগ্রহাৎ ॥ ২৯॥ ক্ষীণায়ুর্মৃত্যুমাপন্নো মহারোগহতোহপি বা । সদ্যঃ সুখমবাপ্নোতি দীর্ঘমায়ুশ্চ বিন্দতি ॥ ৩০॥ সর্বদারিদ্র্যশমনং সৌমঙ্গল্যবিবর্ধনম্ । যো ধত্তে কবচং শৈবং স দেবৈরপি পূজ্যতে ॥ ৩১॥ মহাপাতকসঙ্ঘাতৈর্মুচ্যতে চোপপাতকৈঃ । দেহান্তে শিবমাপ্নোতি শিববর্মানুভাবতঃ ॥ ৩২॥ ত্বমপি শ্রদ্ধয়া

বৎস শৈবং কবচমুত্তমম্ । ধারয়স্ব ময়া দত্তং সদ্যঃ শ্রেয়ো হ্যবাপ্স্যসি ॥ ৩৩॥ সূত উবাচ । ইত্যুক্ত্বা ঋষভো যোগী তস্মৈ পার্থিবসূনবে । দদৌ শঙ্খং মহারাবং খড়্গং চারিনিষূদনম্ ॥ ৩৪॥ পুনশ্চ ভস্ম সংমন্ত্র্য তদঙ্গং সর্বতোহস্পৃশৎ । গজানাং ষট্সহস্রস্য দ্বিগুণং চ বলং দদৌ ॥ ৪॥ ভস্মপ্রভাবাৎসম্প্রাপ্য বলৈশ্বর্যধৃতিস্মৃতীঃ । স রাজপুত্রঃ শুশুভে শরদর্ক ইব শ্রিয়া ॥ ৯॥ তমাহ প্রাঞ্জলিং ভূয়ঃ স যোগী রাজনন্দনম্ । এষ খড়্গো ময়া দত্তস্তপোমন্ত্রানুভাবতঃ ॥ ১০॥ শিতধারমিমং খড়্গং যস্মৈ দর্শয়সি স্ফুটম্ । স সদ্যো ম্রিয়তে শত্রুঃ সাক্ষান্মৃত্যুরপি স্বয়ম্ ॥ ১১॥ অস্য শঙ্খস্য নির্হ্রাদং যে শৃণ্বন্তি তবাহিতাঃ । তে মূর্চ্ছিতাঃ পতিষ্যন্তি ন্যস্তশস্ত্রা বিচেতনাঃ ॥ ১২॥ খড়্গশঙ্খাবিমৌ দিব্যৌ পরসৈন্যবিনাশিনৌ । আত্মসৈন্যস্বপক্ষাণাং শৌর্যতেজোবিবর্ধনৌ ॥ ১৩॥ এতয়োশ্চ প্রভাবেন শৈবেন কবচেন চ । দ্বিষট্সহস্রনাগানাং বলেন মহতাপি চ ॥ ১৪॥ ভস্মধারণসামর্থ্যাচ্ছত্রুসৈন্যং বিজেষ্যসি । প্রাপ্য সিংহাসনং পৈত্র্যং গোপ্তাহসি পৃথিবীমিমাম্ ॥ ৪২॥ ইতি ভদ্রায়ুষং সম্যগনুশাস্য সমাতৃকম্ । তাভ্যাং সম্পূজিতঃ সোহথ যোগী স্বৈরগতির্যযৌ ॥ ৪৩॥ ইতি শ্রীস্কান্দে মহাপুরাণে একাশীতিসাহস্র্যাং সংহিতায়াং তৃতীয়ে ব্রহ্মোত্তরখণ্ডে সীমন্তিনীমাহাত্ম্যে ভদ্রায়ূপাখ্যানে শিবকবচকথনং নাম দ্বাদশোহধ্যায়ঃ ।

শত্রুঘ্নকবচম্

শত্রুঘ্নকবচম্

॥ শ্রীমদানন্দরামায়ণে মনোহরকাণ্ডান্তর্গতং শ্রীশত্রুঘ্নকবচম্ ॥ অগস্তিরুবাচ- অথ শত্রুঘ্নকবচং সুতীক্ষ্ণ শৃণু সাদরম্ । সর্বকামপ্রদং রম্যং রামসদ্ভক্তিবর্ধনম্ ॥ ১॥ শত্রুঘ্নং ধৃতকার্মুকং ধৃতমহাতূণীরবাণোত্তমং পার্শ্বে শ্রীরঘুনন্দনস্য বিনয়াদ্ধামেষ্টিতং সুন্দরম্ । রামং স্বীয়করেণ তালদললজং ধৃত্বাতিচিত্রং বরং সূর্যাভং ব্যজনং সমাস্থিতমহং তং বিজয়ন্তং ভজে ॥ ২॥ অস্য শ্রীশত্রুঘ্নকবচমন্ত্রস্য অগস্তি ঋষিঃ । শ্রীশত্রুঘ্নো দেবতা । অনুষ্টুপ্ ছন্দঃ । সুদর্শন ইতি বীজম্ । কৈকেয়ীনন্দন ইতি শক্তিঃ । শ্রীভরতানুজ ইতি কীলকম্ । ভরতমন্ত্রীত্যস্ত্রম্ । শ্রীরামদাস ইতি কবচম্ । লক্ষ্মণাংশজ ইতি মন্ত্রঃ । শ্রীশত্রুঘ্নপ্রীত্যর্থং সকলমনঃকামনাসিদ্ধ্যর্থং জপে বিনিয়োগঃ ॥ অথ অঙ্গুলীন্যাসঃ । ওঁ শত্রুঘ্নায় অঙ্গুষ্ঠাভ্যাং নমঃ । ওঁ সুদর্শনায় তর্জনীভ্যাং নমঃ । ওঁ কৈকেয়ীনন্দনায় মধ্যমাভ্যাং নমঃ । ওঁ ভরতানুজায় অনামিকাভ্যাং নমঃ । ওঁ ভরতমন্ত্রিণে কনিষ্ঠিকাভ্যাং নমঃ । ওঁ শ্রীরামদাসায়

করতলকরপৃষ্ঠাভ্যাং নমঃ ॥ হৃদয়াদিন্যাসঃ - ওঁ শত্রুঘ্নায় হৃদয়ায় নমঃ । ওঁ সুদর্শনায় শিরসে স্বাহা । ওঁ কৈকেয়ীনন্দনায় শিখায়ৈ বষট্ । ওঁ ভরতানুজায় কবচায় হুং । ওঁ ভরতমন্ত্রিণে নেত্রত্রয়ায় বৌষট্ । ওঁ শ্রীরামদাসায় অস্ত্রায় ফট্ । ওঁ লক্ষ্মণাংশজেতি দিগ্বন্ধঃ ॥ অথ ধ্যানম্ - রামস্য সংস্থিতং বামে পার্শ্বে বিনয়পূর্বকম্ । কৈকেয়ীনন্দনং সৌম্যং মুকুটেনাতিরঞ্জিতম্ ॥ ১॥ রত্নকঙ্কণকেয়ূরবনমালাবিরাজিতম্ । রশনাকুণ্ডলধরং রত্নহারসুনূপুরম্ ॥ ২॥ ব্যজনেন বীজয়ন্তং জানকীকান্তমাদরাৎ । রামন্যস্তেক্ষণং বীরং কৈকেয়ীতোষবর্ধনম্ ॥ ৩॥ দ্বিভুজং কঞ্জনয়নং দিব্যপীতাম্বরান্বিতম্ । সুভুজং সুন্দরং মেঘশ্যামলং সুন্দরাননম্ ॥ ৪॥ রামবাক্যে দত্তকর্ণং রক্ষোঘ্নং খড়্গধারিণম্ । ধনুর্বাণধরং শ্রেষ্ঠং ধৃততূণীরমুত্তমম্ ॥ ৫॥ সভায়াং সংস্থিতং রম্যং কস্তূরীতিলকাঙ্কিতম্ । মকুটস্থাবতংসেন শোভিতং চ স্মিতাননম্ ॥ ৬॥ রবিবংশোদ্ভবং দিব্যরূপং দশরথাত্মজম্ । মধুরাবাসিনং দেবং লবণাসুরমর্দনম্ ॥ ৭॥ এবং ধ্যাত্বা তু শত্রুঘ্নং রামপাদেক্ষণং হৃদি । পঠনীয়ং বরং চেদং কবচং তস্য পাবনম্ ॥ ৮॥ অথ কবচপ্রারম্ভঃ । পূর্বে ত্ববতু শত্রুঘ্নঃ পাতু যাম্যে সুদর্শনঃ । কৈকেয়ীনন্দনঃ পাতু প্রতীচ্যাং সর্বদা মম ॥ ১॥ পাতূদীচ্যাং রামবন্ধুঃ পাত্বধো ভরতানুজঃ । রবিবংশোদ্ভবশ্চোর্ধ্বং মধ্যে দশরথাত্মজঃ ॥ ২॥ সর্বতঃ পাতু মামত্র কৈকেয়ীতোষবর্ধনঃ । শ্যামলাঙ্গঃ শিরঃ পাতু ভালং শ্রীলক্ষ্মণানুজঃ ॥ ৩॥ ভ্রুবোর্মধ্যে সদা পাতু সুমুখোইত্রাবনীতলে । শ্রুতকীর্তিপতির্নেত্রে কপোলে পাতু রাঘবঃ ॥ ৪॥ কর্ণৌ কুণ্ডলকর্ণেহিব্যাৎ নাসাগ্রং

নৃপবংশজঃ । মুখং মম যুবা পাতু বাণীং পাতু স্ফুটাক্ষরঃ ॥ ৫॥ জিহ্বাং সুবাহুতাতোহব্যাদৃপকেতুপিতা দ্বিজান্ । চিবুকং রম্যচিবুকঃ কণ্ঠং পাতু সুভাষণঃ ॥ ৬॥ স্কন্ধৌ পাতু মহাতেজাঃ ভুজৌ রাঘববাক্যকৃৎ । করৌ মে কঙ্কণধরঃ পাতু খড়্গী নখান্ মম ॥ ৭॥ কুক্ষিং রামপ্রিয়ঃ পাতু পাতু বক্ষো রঘূত্তমঃ । পার্শ্বে সুরার্চিতঃ পাতু পাতু পৃষ্ঠং বরাননঃ ॥ ৮॥ জঠরং পাতু রক্ষোঘ্নঃ পাতু নাভিং সুলোচনঃ । কটিং ভরতমন্ত্রী মে গুহ্যং শ্রীরামসেবকঃ ॥ ৯॥ রামার্পিতমনাঃ পাতু লিঙ্গমূরু স্মিতাননঃ । কোদণ্ডপাণিঃ পাত্বত্র জানুনী মম সর্বদা ॥ ১০॥ রামমিত্রঃ পাতু ঝঙ্ঘে গুল্ফৌ পাতু সুনূপুরঃ । পাদৌ নৃপতিপূজ্যোহব্যাচ্ছ্রীমান্ পাদাঙ্গুলীর্মম ॥ ১১॥ পাত্বঙ্গানি সমস্তানি হ্যাদারাঙ্গঃ সদা মম । রোমাণি রমণীয়োহব্যাদ্রাত্রৌ পাতু সুধার্মিকঃ ॥ ১২॥ দিবসে সত্যসন্ধোহব্যাদ্ভোজনে শরসৎকরঃ । গমনে কলকণ্ঠোহব্যাৎসর্বদা লবণান্তকঃ ॥ ১৩॥ এবং শত্রুঘ্নকবচং ময়া তে সমুদীরিতম্ । যে পঠন্তি নরাস্তেতত্তে নরাঃ সৌখ্যভাগিনঃ ॥ ১৪॥ শত্রুঘ্নস্য বরং চেদং কবচং মঙ্গলপ্রদম্ । পঠনীয়ং নরৈর্ভক্ত্যা পুত্রপৌত্রপ্রবর্ধনম্ ॥ ১৫॥ অস্য স্তোত্রস্য পাঠেন যং যং কামং নরোহর্থয়েৎ । তং তং লভেন্নিশ্চয়েন সত্যমেতদ্বচো মম ॥ ১৬॥ পুত্রার্থী প্রাপ্নুয়াৎ পুত্রং ধনার্থী ধনমাপ্নুয়াৎ । ইচ্ছাকামং তু কামার্থী প্রাপ্নুয়াৎ পঠনাদিনা ॥ ১৭॥ কবচস্যাস্য ভূম্যাং হি শত্রুঘ্নস্য বিনিশ্চয়াৎ । তস্মাদেতৎসদা ভক্ত্যা পঠনীয়ং নরৈঃ শুভম্ ॥॥ ১৮॥ আদৌ নৈর্মারুতেশ্চ পঠিত্বা কবচং শুভম্ । ততঃ শত্রুঘ্নকবচং পঠনীয়মিদং শুভম্ ॥ ১৯॥ পঠনীয়ং

ভরতস্য কবচং পরমং ততঃ । ততঃ সৌমিত্রিকবচং পঠনীয়ং সদা নরৈঃ ॥ ২০॥ পঠনীয়ং ততঃ- সীতাকবচং ভাগ্যবর্ধনম্ । ততঃ শ্রীরামচন্দ্রস্য কবচং সর্বথোত্তমম্ ॥ ২১॥ পঠনীয়ং নরৈর্ভক্ত্যা সর্ববাঞ্ছিতদায়কম্ । এবং ষট্ কবচান্যত্র পঠনীয়ানি সর্বদা ॥ ২৩॥ পঠনং ষট্ কবচানাং শ্রেষ্ঠং মৌক্ষিকসাধনম্ । জ্ঞাত্বাহত্র মানৈর্ভক্ত্যা কার্যং যঃ পঠনং সদা ॥ ২৪॥ ইতি শ্রীশতকোটিরামচরিতান্তর্গতে শ্রীমদানন্দরামায়ণে বাল্মিকীয়ে মনোহরকাণ্ডে পঞ্চদশসর্গান্তর্গতং শ্রীশত্রুঘ্নকবচম্ ॥ হনুমৎ-লক্ষ্মণ-সীতা-রাম-ভরত-শত্রুঘ্ন ষট্ কবচানি পঠনীয়ম্ । ষট্ কবচানি পঠিতুং অশক্তশ্চেৎ হনুমৎ-লক্ষ্মণ-সীতা-রাম – অথবা হনুমৎ-সীতা-রাম অথবা হনুমৎ-রাম / সীতা-রাম কবচানি । অথবা শ্রীরামকবচমেব পঠনীয়ম্ ॥

শ্রীব্রহ্মাস্ত্রবগলামুখীকবচং

শ্রীব্রহ্মাস্ত্রবগলামুখীকবচং

শ্রী গণেশায় নমঃ । শ্রী বগলায়ৈ নমঃ । অথ ব্রহ্মাস্ত্রবগলাকবচম্ । শ্রীব্রহ্মোবাচ । বিশ্বেশ দক্ষিণামূর্ত্তে নিগমাগমবিৎ প্রভো । মহ্যং পুরা ত্বয়া দত্তা বিদ্যা ব্রহ্মাস্ত্রসংজ্ঞিতা ॥ ১॥ তস্য মে কবচং ব্রূহি যেনাহং সিদ্ধিমাপ্নুয়াম্ ॥ ভবামি বজ্রকবচং ব্রহ্মাস্ত্রন্যাসমাত্রতঃ ॥ ২॥ শ্রীদক্ষিণামূর্তিরুবাচ । শৃণু ব্রহ্মন্ পরং গুহ্য ব্রহ্মাস্ত্রকবচং শুভম্ । যস্যোচ্চারণমাত্রেণ ভবেদ্ বৈ সূর্যসন্নিভঃ ॥ ৩॥ সুদর্শনং ময়া দত্তং কৃপয়া বিষ্ণবে তথা । তদ্বৎ ব্রহ্মাস্ত্রবিদ্যায়াঃ কবচং কবয়াম্যহম্ ॥ ৪॥ অষ্টাবিংশত্যস্ত্রহেতুমাদ্যং ব্রহ্মাস্ত্রমুত্তমম্ । সর্বতেজোময়ং সর্বং সামর্থ্যং বিগ্রহং পরম্ ॥ ৫॥ সর্বশত্রুক্ষয়করং সর্বদারিদ্র্যনাশনম্ । সর্বাপচ্ছলরাশীনামস্ত্রকং কুলিশোপমম্ ॥ ৬॥ ন তস্য শত্রবশ্চাপি ভয়ং চৌর্যভয়ং জরা । নরা নার্যশ্চ রাজেন্দ্র খগা ব্যাঘ্রাদয়োহপি চ ॥ ৭॥ তং দৃষ্ট্বা বশমায়ান্তি কিমন্যৎ সাধবো জনাঃ । যস্য দেহে ন্যসেদ্ ধীমান্ কবচং বগলাময়ম্ ॥ ৮॥ স এব পুরুষো লোকে কেবলঃ শঙ্করোপমঃ । ন দেয়ং পরশিষ্যায় শঠায়

পিশুনায় চ ॥ ৯॥ দাতব্যং ভক্তিযুক্তায় গুরুদাসায় ধীমতে । কবচস্য ঋষিঃ শ্রীমান্ দক্ষিণামূর্তিরেব চ ॥ ১০॥ অস্যানুষ্টুপ্ ছন্দঃ স্যাৎ শ্রীবগলা চাস্য দেবতা । বীজং শ্রীবহ্নিজায়া চ শক্তিঃ শ্রীবগলামুখী ॥ ১১॥ কীলকং বিনিয়োগশ্চ স্বকার্যে সর্বসাধকে । অথ ধ্যানম্ । শুদ্ধস্বর্ণনিভাং রামাং পীতেন্দুখণ্ডশেখরাম্ । পীতগন্ধানুলিপ্তাঙ্গীং পীতরত্নবিভূষণাম্ ॥ ১॥ পীনোন্নতকুচাং স্নিগ্ধাং পীতলাঙ্গীং সুপেশলাম্ । ত্রিলোচনাং চতুর্হস্তাং গম্ভীরাং মদবিহ্বলাম্ ॥ ২॥ বজ্রারিরসনাপাশমুদগরং দধতীং করৈঃ । মহাব্যাঘ্রাসনাং দেবীং সর্বদেবনমস্কৃতাম্ ॥ ৩॥ প্রসন্নাং সুস্মিতাং ক্লিন্নাং সুপীতাং প্রমদোত্তমাম্ । সুভক্তদুঃখহরণে দয়ার্দ্রাং দীনবৎসলাম্ ॥ ৪॥ এবং ধ্যাত্বা পরেশানি বগলাকবচং স্মরেৎ । অথ রক্ষাকবচম্ । বগলা মে শিরঃ পাতুঃ ললাটং ব্রহ্মাসংস্তুতা । বগলা মে ভ্রুবৌ নিত্যং কর্ণয়োঃ ক্লেশহারিণী ॥ ১॥ ত্রিনেত্রা চক্ষুষী পাতু স্তম্ভিনী গণ্ডয়োস্তথা । মোহিনী নাসিকাং পাতু শ্রীদেবী বগলামুখী ॥ ২॥ ওষ্ঠয়োর্দুর্ধরা পাতু সর্বদন্তেষু চঞ্চলা । সিদ্ধান্নপূর্ণা জিহ্বায়াং জিহ্বাগ্রে শারদাম্বিকে ॥ ৩॥ অকল্মষা মুখে পাতু চিবুকে বগলামুখী । ধীরা মে কণ্ঠদেশে তু কণ্ঠাগ্রে কালকর্ষিণী ॥ ৪॥ শুদ্ধস্বর্ণনিভা পাতু কণ্ঠমধ্যে তথাহম্বিকা । কণ্ঠমূলে মহাভোগা স্কন্ধৌ শক্রবিনাশিনী ॥ ৫॥ ভুজৌ মে পাতু সততং বগলা সুস্মিতা পরা । বগলা মে সদা পাতু কূর্পরে কমলোদ্ভবা ॥ ৬॥ বগলাহস্তা প্রকোষ্ঠে তু মণিবন্ধে মহাবলা । বগলাশ্রীর্হস্তয়োশ্চ কুরুকুল্লা করাঙ্গুলিম্ ॥ ৭॥ নখেষু বজ্রহস্তা চ হৃদয়ে ব্রহ্মবাদিনী । স্তনৌ মে মন্দগমনা কুক্ষয়োর্যোগিনী তথা ॥ ৮॥ উদরং

বগলা মাতা নাভিং ব্রহ্মাস্ত্রদেবতা । পুষ্টিং মুদ্গরহস্তা চ পাতু নো দেববন্দিতা ॥ ৯॥ পার্শ্বয়োরিনুমদ্বন্দ্যা পশুপাশবিমোচিনী । করৌ রামপ্রিয়া পাতু ঊরুযুগ্মং মহেশ্বরী ॥ ১০॥ ভগমালা তু গুহ্যং মে লিঙ্গং কামেশ্বরী তথা । লিঙ্গমূলে মহাক্লিন্না বৃষণৌ পাতু দৃতিকা ॥ ১১॥ বগলা জানুনী পাতু জানুযুগ্মং চ নিত্যশঃ । জঙ্ঘে পাতু জগদ্ধাত্রী গুল্ফৌ রাবণপূজিতা ॥ ১২॥ চরণৌ দুর্জয়া পাতু পীতাম্বা চরণাঙ্গুলীঃ । পাদপৃষ্ঠং পদ্মহস্তা পাদাধশ্চক্রধারিণী ॥ ১৩॥ সর্বাঙ্গং বগলা দেবী পাতু শ্রীবগলামুখী । ব্রাহ্মী মে পূর্বতঃ পাতু মাহেশী বহির্ভাগতঃ ॥ ১৪॥ কৌমারী দক্ষিণে পাতু বৈষ্ণবী স্বর্গমার্গতঃ । ঊর্ধ্বং পাশধরা পাতু শত্রুজিহ্বাধরা হ্যধঃ ॥ ১৫॥ রণে রাজকুলে বাদে মহাযোগে মহাভয়ে । বগলা ভৈরবী পাতু নিত্যং ক্লীঙ্কাররূপিণী ॥ ১৬॥ ফলশ্রুতিঃ । ইত্যেবং বজ্রকবচং মহাব্রহ্মাস্ত্রসংজ্ঞকম্ । ত্রিসন্ধ্যং যঃ পঠেদ্ ধীমান্ সর্বৈশ্বর্যমবাপ্নুয়াৎ ॥ ১॥ ন তস্য শত্রবঃ কেহপি সখায়ঃ সর্ব এব চ । বলেনাকৃষ্য শত্রুং স্যাৎ সোহপি মিত্রত্বমাপ্নুয়াৎ ॥ ২॥ শত্রুত্বে মরুতা তুল্যো ধনেন ধনদোপমঃ । রূপেণ কামতুল্যঃ স্যাদ্ আয়ুষা শূলধৃক্ষমঃ ॥ ৩॥ সনকাদিসমো ধৈর্যে শ্রিয়া বিষ্ণুসমো ভবেৎ । তত্তুল্যো বিদ্যয়া ব্রহ্মান্ যো জপেৎ কবচং নরঃ ॥ ৪॥ নারী বাপি প্রয়ত্নেন বাঞ্ছিতার্থমবাপ্নুয়াৎ । দ্বিতীয়া সূর্যবারেণ যদা ভবতি পদ্মভূঃ ॥ ৫॥ তস্যাং জাতং শতাবৃত্যা শীঘ্রং প্রত্যক্ষমাপ্নুয়াৎ । যাতা তুরীয়ং সন্ধ্যায়াং ভূশয্যায়াং প্রয়ত্নতঃ ॥ ৬॥ সর্বান্ শত্রুন্ ক্ষয়ং কৃত্বা বিজয়ং প্রাপ্নুয়ান্ নরঃ । দারিদ্র্যান্ মুচ্যতে চাহংশু স্থিরা লক্ষ্মীর্ভবেদ্ গৃহে ॥ ৭॥ সর্বান্ কামানবাপ্নোতি সবিষো

নির্বিষো ভবেৎ । ঋণং নির্মোচনং স্যাদ্ বৈ সহস্রাবর্তনাদ্
বিধে ॥ ৮॥ ভূতপ্রেতপিশাচাদিপীডা তস্য ন জায়তে ।
দ্যুমণির্ভ্রাজতে যদ্বৎ তদ্বৎ স্যাচ্ছ্রীপ্রভাবতঃ ॥ ৯॥
স্থিরাভয়া ভবেৎ তস্য যঃ স্মরেদ্ বগলামুখীম্ । জয়দং
বোধনং কামমমুকং দেহি মে শিবে ॥ ১০॥ জপস্যান্তে
স্মরেদ্ যো বৈ সোঽভীষ্টফলমাপ্নুয়াৎ । ইদং কবচমজ্ঞাত্বা
যো জপেদ্ বগলামুখীম্ ॥ ১১॥ ন স সিদ্ধিমবাপ্নোতি
সাক্ষাদ্ বৈ লোকপূজিতঃ । তস্মাৎ সর্বপ্রয়ত্নেন কবচং
ব্রহ্মাতেজসম্ ॥ ১২॥ নিত্যং পদাম্বুজধ্যানান্
মহেশানসমো ভবেৎ । ইতি শ্রীদক্ষিণামূর্তিসংহিতায়াং
ব্রহ্মাস্ত্রবগলামুখীকবচং সমাপ্তম্ ।

শ্রীভুবনেশ্বরী ত্রৈলোক্যমোহনকবচম্

শ্রীভুবনেশ্বরী ত্রৈলোক্যমোহনকবচম্

শ্রীদেব্যুবাচ- ভগবন্, পরমেশান, সর্বাগমবিশারদ । কবচং ভুবনেশ্বর্যাঃ কথয়স্ব মহেশ্বর! ॥ শ্রীদেবী নে কহা- হে সভী আগমোং কে জ্ঞাতা ভগবন্ মহেশ্বর! ভুবনেশ্বরী কে কবচ কো বতাইয়ে । শ্রী ভৈরব উবাচ- শৃণু দেবি, মহেশানি! কবচং সর্বকামদং । ত্রৈলোক্যমোহনং নাম সর্বেপ্সিতফলপ্রদম্ ॥ শ্রীভৈরব নে কহা- হে মহেশানি! ত্রৈলোক্যমোহন নামক কবচ সভী কামনাওং কী পূর্তিং করনেবালা ঔর সভী অভীষ্ট ফলোং কা দেনেবালা হৈ । উসে সুনো । বিনিয়োগঃ- ওঁ অস্য শ্রীত্রৈলোক্যমোহনকবচস্য শ্রীসদাশিব ঋষিঃ । বিরাট্ ছন্দঃ । শ্রীভুবনেশ্বরী দেবতা । চতুর্বর্গসিদ্ধ্যর্থং কবচপাঠে বিনিয়োগঃ । ঋষ্যাদিন্যাসঃ- শ্রীসদাশিবঋষয়ে নমঃ শিরসি । বিরাট্ছন্দসে নমঃ মুখে । শ্রীভুবনেশ্বরীদেবতায়ে নমঃ হৃদি । চতুর্বর্গসিদ্ধ্যর্থং কবচপাঠে বিনিয়োগায় নমঃ সর্বাঙ্গে । অথ কবচস্তোত্রম্ । ওঁ হ্রীং ক্লীং মে শিরঃ পাতু শ্রীং ফট্ পাতু ললাটকম্ । সিদ্ধপঞ্চাক্ষরী পায়ান্নেত্রে মে ভুবনেশ্বরী ॥ ১॥ শ্রীং ক্লীং হ্রীং মে শ্রুতীঃ পাতু নমঃ পাতু

চ নাসিকাম্ । দেবী ষড়ক্ষরী পাতু বদনং মুণ্ডভূষণা ॥ ২॥ ওঁ হ্রীং শ্রীং ঐং গলং পাতু জিহ্বাং পায়ান্মহেশ্বরী । ঐং স্কন্ধৌ পাতু মে দেবী মহাত্রিভুবনেশ্বরী ॥ ৩॥ হূং ঘণ্টাং মে সদা পাতু দেব্যেকাক্ষররূপিণী । ঐং হ্রীং শ্রীং হূং তু ফট্ পায়াদীশ্বরী মে ভুজদ্বয়ম্ ॥ ৪॥ ওঁ হ্রীং শ্রীং ক্লীং ঐং ফট্ পায়াদ্ ভুবনেশী স্তনদ্বয়ম্ । হ্বাং হ্রীং ঐং ফট্ মহামায়া দেবী চ হৃদয়ং মম ॥ ৫॥ ঐং হ্রীং শ্রীং হূং তু ফট্ পায়াৎ পার্শ্বে কামস্বরূপিণী । ওঁ হ্রীং ক্লীং ঐং নমঃ পায়াৎ কুক্ষিং মহাষড়ক্ষরী ॥ ৬॥ ঐং সৌঃ ঐং ঐং ক্লীং ফট্ স্বাহা কটিদেশে সদাবতু । অষ্টাক্ষরী মহাবিদ্যা দেবেশী ভুবনেশ্বরী ॥ ৭॥ ওঁ হ্রীং হ্রৌং ঐং শ্রীং হ্রীং ফট্ পায়ান্মে গুহ্যস্থলং সদা । ষড়ক্ষরী মহাবিদ্যা সাক্ষাদ্ ব্রহ্মস্বরূপিণী ॥ ৮॥ ঐং হ্বাং হ্রৌং হূং নমো দৈব্যে দেবি! সর্বং পদং ততঃ, দুস্তরং পদং তারয় তারয় প্রণবদ্বয়ম্ । স্বাহা ইতি মহাবিদ্যা জানুনি মে সদাবতু ॥ ৯॥ ঐং সৌঃ ওঁ ঐং ক্লীং ফট্ স্বাহা জঙ্ঘেঘহব্যাদ্ ভুবনেশ্বরী । ওঁ হ্রীং শ্রীং ক্লীং ঐং ফট্ পায়াৎ পাদৌ মে ভুবনেশ্বরী ॥ ১০॥ ওঁ ওঁ হ্রীং হ্রীং শ্রীং শ্রীং ক্লীং ক্লীং ঐং ঐং সৌঃ সৌঃ বদ বদ । বাগ্বাদিনীতি চ দেবি বিদ্যা যা বিশ্বব্যাপিনী ॥ ১১॥ সৌঃসৌঃসৌঃ ঐংঐংঐং ক্লীঙ্ক্লীঙ্ক্লীং শ্রীংশ্রীংশ্রীং হ্রীংহ্রীংহ্রীং ওঁ । ওঁ ওঁ চতুর্দশাত্মিকা বিদ্যা পায়াৎ বাহূ তু মে ॥ ১২॥ সকলং সর্বভীতিভ্যঃ শরীরং ভুবনেশ্বরী । ওঁ হ্রীং শ্রীং ইন্দ্রদিগ্ভাগে পায়ান্মে চাপরাজিতা ॥ ১৩॥ হ্রীং ঐং হ্রীং বিজয়া পায়াদিন্দুমদগ্নিদিক্স্থলে । ওঁ শ্রীং সৌঃ ক্লীং জয়া পাতু যাম্যাং মাং কবচান্বিতম্ ॥ ১৪॥ হ্রীং হ্রীং ঐং সৌঃ হসৌঃ পায়ান্নৈরৃতির্মাং তু পরাত্মিকা । ওঁ শ্রীং শ্রীং হ্রীং সদা পায়াৎ পশ্চিমে ব্রহ্মরূপিণী ॥ ১৫॥ ওঁ হ্বাং

সৌঃ মাং ভয়াদ্ রক্ষেদ্ বায়ব্যাং মন্ত্ররূপিণী । ঐং ক্লীং শ্রীং সৌঃ সদাহব্যান্মাং কৌবের্য্যাং নগনন্দিনী ॥ ১৬॥ ওঁ হ্রীং শ্রীং ক্লীং মহাদেবী ঐশান্যাং পাতু নিত্যশঃ । ওঁ হ্রীং মন্ত্রময়ী বিদ্যা পায়াদূর্ধ্বং সুরেশ্বরী ॥ ১৭॥ ওঁ হ্রীং শ্রীং ক্লীং ঐং মাং পায়াদধস্থা ভুবনেশ্বরী । এবং দশদিশো রক্ষেৎ সর্বমন্ত্রময়ো শিবা ॥ ১৮॥ প্রভাতে পাতু চামুণ্ডা শ্রীং ক্লীং ঐং সৌঃ স্বরূপিণী । মধ্যাহ্নেহব্যান্মামম্বা শ্রীং হ্রীং ক্লীং ঐং সৌঃ স্বরূপিণী ॥ ১৯॥ সায়ং পায়াদুমাদেবী ঐং হ্রীং ক্লীং সৌঃ স্বরূপিণী । নিশাদৌ পাতু রুদ্রাণী ওঁ ক্লীং ক্রীং সৌঃ স্বরূপিণী ॥ ২০॥ নিশীথে পাতু ব্রহ্মাণী ক্রীং হূং হ্রীং হ্রীং স্বরূপিণী । নিশান্তে বৈষ্ণবী পায়াদোমে হ্রীং ক্লীং স্বরূপিণী ॥ ২১॥ সর্বকালে চ মাং পায়াদো হ্রীং শ্রীং ভুবনেশ্বরী । এষা বিদ্যা ময়া গুপ্তা তন্ত্রেভ্যশ্চাপি সাম্প্রতম্ ॥ ২২॥ ফলশ্রুতিঃ- দেবেশি! কথিতাং তুভ্যং কবচেচ্ছা ত্বয়ি প্রিয়ে । ইতি তে কথিতং দেবি! গুহ্যন্তর পরং । ত্রৈলোক্যমোহনং নাম কবচং মন্ত্রবিগ্রহম্ । ব্রহ্মবিদ্যাময়ং চৈব কেবলং ব্রহ্মরূপিণম্ ॥ ১॥ মন্ত্রবিদ্যাময়ং চৈব কবচং বন্মুখোদিতম্ । গুরুমভ্যর্চ্চ বিধিবৎ কবচং ধারয়েদ্যদি । সাধকো বৈ যথাধ্যানং তৎক্ষণাদ্ ভৈরবো ভবেৎ । সর্বপাপবিনির্মুক্তঃ কুলকোটি সমুদ্ধরেৎ ॥ ২॥ গুরুঃ স্যাৎ সর্ববিদ্যাসু হ্যধিকারো জপাদিষু । শতমষ্টোত্তরং চাস্য পুরশ্চর্য্যাবিধিঃ স্মৃতা । শতমষ্টোত্তরং জপৃত্বা তাবদ্ধোমাদিকং তথা । ত্রৈলোক্যে বিচরেদ্ধীরো গণনাথো যথা স্বয়ম্ ॥ ৩॥ গদ্যপদ্যময়ী বাণী ভবেদ্ গঙ্গাপ্রবাহবৎ । পুষ্পাঞ্জল্যষ্টকং দত্ত্বা মূলৈনেব পঠেৎ সকৃৎ ॥ ৪॥ হে দেবেশি । তুম্হারী কবচেচ্ছা কে অনুসার যহ অতি গোপনীয় ``ত্রৈলোক্যমোহন'' নামক

মন্ত্রাত্মক কবচ কহা গয়া । হে ভদ্রে! যহ ব্রহ্মাবিদ্যা সে ভরা হুআ হৈ ঔর মাত্র ব্রহ্মারূপাত্মক হৈ ॥ ১॥ মেরে মুখ সে নিকলা যহ কবচ মন্ত্রবিদ্যাত্মক হৈ । গুরুদেব কী পূজা কর বিধিপূর্বকং ইস কবচ কো যদি সাধক ধ্যানপূর্বক ধারণ করতা হৈ, তো বহ তৎক্ষণ হী সভী পাপোং সে মুক্ত হোকর ভৈরববঃস্বরূপ বন জাতা হৈ ঔর করোড়োং কুলোং কা উদ্ধার কর দেতা হৈ ॥ ২॥ ইস কবচ কে প্রভাব সে সাধক গুরুবৎ সভী বিদ্যাওং কে জপ করনে কা অধিকারী বন জাতা হৈ । ইস স্তোত্র কা পুরশ্চরণ ১০৮ বার কে পারায়ণ সে হোতা হৈ । ১০৮ বার ইসকা জপ কর উতনা হী হোম করেং । ইসসে সাধক তীনোং লোকোং মেং গণনাথ কে সমান বিচরণ করতা হৈ ॥ ৩॥ আঠ পুষ্পাঞ্জলিয়াং ভগবতী ভুবনেশ্বরী কো অর্পিত কর মূল কবচ কা পাঠ করনে সে সাধক কী বাণী গঙ্গা কী ধারা কে সমান গদ্যপদ্যময়ী হোকর ধারাপ্রবাহ বহ নিকলতী হৈ ॥ ৪॥ ইতি শ্রীভুবনেশ্বরীত্রৈলোক্যমোহনকবচং সম্পূর্ণম্ ।

মহামৃত্যুঞ্জয়কবচম্

মহামৃত্যুঞ্জয়কবচম্

শ্রী গণেশায় নমঃ । ভৈরব উবাচ । শৃণুষ্ব পরমেশানি কবচং মন্মুখোদিতম্ । মহামৃত্যুঞ্জয়স্যাস্য ন দেয়ং পরমাদ্ভুতম্ ॥ ১॥ যং ধৃত্বা যং পঠিত্বা চ শ্রুত্বা চ কবচোত্তমম্ । ত্রৈলোক্যাধিপতির্ভূত্বা সুখিতোহস্মি মহেশ্বরি ॥ ২॥ তদেববর্ণয়িষ্যামি তব প্রীত্যা বরাননে । তথাপি পরমং তত্ত্বং ন দাতব্যং দুরাত্মনে ॥ ৩॥ বিনিয়োগঃ অস্য শ্রীমহামৃত্যুঞ্জয়কবচস্য শ্রীভৈরব ঋষিঃ, গায়ত্রীছন্দঃ, শ্রীমহামৃত্যুঞ্জয়ো মহারুদ্রো দেবতা, ওঁ বীজং, জূং শক্তিঃ, সঃ কীলকং, হৌমিতি তত্ত্বং, চতুর্বর্গসাধনে মৃত্যুঞ্জয়কবচপাঠে বিনিয়োগঃ ॥ ওঁ চন্দ্রমণ্ডলমধ্যস্থং রুদ্রং ভালে বিচিন্ত্য তম্ । তত্রস্থং চিন্তয়েৎ সাধ্যং মৃত্যুং প্রাপ্তোহপি জীবতি ॥ ১॥ ওঁ জূং সঃ হৌং শিরঃ পাতু দেবো মৃত্যুঞ্জয়ো মম । ওঁ শ্রীং শিবো ললাটিং মে ওঁ হৌং ভ্রুবৌ সদাশিবঃ ॥ ২॥ নীলকণ্ঠোহবতান্নেত্রে কপর্দী মেহবতাচ্ছ্রুতী । ত্রিলোচনোহবতাদ্ গণ্ডৌ নাসাং মে ত্রিপুরান্তকঃ ॥ ৩॥ মুখং পীযূষঘটভৃদোষ্ঠৌ মে কৃত্তিকাম্বরঃ । হনুং মে

হাটকেশনো মুখং বটুকভৈরবঃ ॥ ৪॥ কন্ধরাং কালমথনো গলং গণপ্রিয়োঽবতু । স্কন্ধৌ স্কন্দপিতা পাতু হস্তৌ মে গিরিশোঽবতু ॥ ৫॥ নখান্ মে গিরিজানাথঃ পায়াদঙ্গুলিসংযুতান্ । স্তনৌ তারাপতিঃ পাতু বক্ষঃ পশুপতির্মম ॥ ৬॥ কুক্ষিং কুবেরবরদঃ পার্শ্বে মে মারশাসনঃ । শর্বঃ পাতু তথা নাভিং শূলী পৃষ্ঠং মমাবতু ॥ ৭॥ শিশ্নং মে শঙ্করঃ পাতু গুহ্যং গুহ্যকবল্লভঃ । কটিং কালান্তকঃ পায়াদূরূ মেইন্ধকঘাতকঃ ॥ ৮॥ জাগরূকোঽবতাজ্জানূ জঙ্ঘে মে কালভৈরবঃ । গুল্ফৌ পায়াজ্জটাধারী পাদৌ মৃত্যঞ্জয়োঽবতু ॥ ৯॥ পাদাদিমূর্ধপর্যন্তমঘোরঃ পাতু মে সদা । শিরসঃ পাদপর্যন্তং সদ্যোজাতো মমাবতু ॥ ১০॥ রক্ষাহীনং নামহীনং বপুঃ পাত্বমৃতেশ্বরঃ । পূর্বে বলবিকরণো দক্ষিণে কালশাসনঃ ॥ ১১॥ পশ্চিমে পার্বতীনাথো হ্যুত্তরে মাং মনোন্মনঃ । ঐশান্যামীশ্বরঃ পায়াদাগ্নেয়্যামগ্নিলোচনঃ ॥ ১২॥ নৈরৃত্যাং শম্ভুরব্যান্মাং বায়ব্যাং বায়ুবাহনঃ । উর্ধ্বে বলপ্রমথনঃ পাতালে পরমেশ্বরঃ ॥ ১৩॥ দশদিক্ষু সদা পাতু মহামৃত্যুঞ্জয়শ্চ মাম্ । রণে রাজকুলে দ্যূতে বিষমে প্রাণসংশয়ে ॥ ১৪॥ পায়াদ্ ওং জূং মহারুদ্রো দেবদেবো দশাক্ষরঃ । প্রভাতে পাতু মাং ব্রহ্মা মধ্যাহ্নে ভৈরবোঽবতু ॥ ১৫॥ সায়ং সর্বেশ্বরঃ পাতু নিশায়াং নিত্যচেতনঃ । অর্ধরাত্রে মহাদেবো নিশান্তে মাং মহোময়ঃ ॥ ১৬॥ সর্বদা সর্বতঃ পাতু ওঁ জূং সঃ হৌং মৃত্যুঞ্জয়ঃ । ইতীদং কবচং পুণ্যং ত্রিষু লোকেষু দুর্লভম্ ॥ ১৭॥ ফলশ্রুতি সর্বমন্ত্রময়ং গুহ্যং সর্বতন্ত্রেষু গোপিতম্ । পুণ্যং পুণ্যপ্রদং দিব্যং দেবদেবাধিদৈবতম্ ॥ ১৮॥ য ইদং চ পঠেন্মন্ত্রী কবচং

বার্চয়েৎ ততঃ । তস্য হস্তে মহাদেবি ত্র্যম্বকস্যাষ্ট সিদ্ধয়ঃ ॥ ১৯॥ রণে ধৃত্বা চরেদুদ্ধং হত্বা শত্রুঞ্জয়ং লভেৎ । জয়ং কৃত্বা গৃহং দেবি সম্প্রাপ্স্যতি সুখী পুনঃ ॥ ২০॥ মহাভয়ে মহারোগে মহামারীভয়ে তথা । দুর্ভিক্ষে শত্রুসংহারে পঠেৎ কবচমাদরাৎ ॥ ২১॥ সর্ব তৎ প্রশমং যাতি মৃত্যুঞ্জয়প্রসাদতঃ । ধনং পুত্রান্ সুখং লক্ষ্মীমারোগ্যং সর্বসম্পদঃ ॥ ২২॥ প্রাপ্নোতি সাধকঃ সদ্যো দেবি সত্যং ন সংশয়ঃ ইতীদং কবচং পুণ্যং মহামৃত্যুঞ্জয়স্য তু । গোপ্যং সিদ্ধিপ্রদং গুহ্যং গোপনীয়ং স্বয়োনিবৎ ॥ ২৩॥ । ইতি শ্রীরুদ্রযামলে তন্ত্রে শ্রীদেবীরহস্যে মৃত্যুঞ্জয়কবচং সম্পূর্ণম্ ।

শ্রীমহাবিদ্যা বৈষ্ণবী কবচস্তোত্রম্

শ্রীমহাবিদ্যা বৈষ্ণবী কবচস্তোত্রম্

শ্রীভগবানুবাচ- অস্য মন্ত্রস্য কবচং শৃণু বেতালভৈরব । বৈষ্ণবীতন্ত্রসংজ্ঞস্য বৈষ্ণব্যাশ্চ বিশেষতঃ ॥ ১॥ তত্র মন্ত্রাদ্যক্ষরং তু বাসুদেবস্বরূপধৃক্ । বর্ণো দ্বিতীয়ো ব্রহ্মৈব তৃতীয়শ্চন্দ্রশেখরঃ ॥ ২॥ চতুর্থো গজবক্ত্রশ্চ পঞ্চমস্তু দিবাকরঃ । শক্তিঃ স্বয়ং পকারশ্চ মহামায়া জগন্ময়ী ॥ ৩॥ যকারস্তু মহালক্ষ্মীঃ শেষবর্ণঃ সরস্বতী । যোগিনী পূর্ববর্ণস্য শৈলপুত্রী প্রকীর্তিতা ॥ ৪॥ দ্বিতীয়স্য তু বর্ণস্য চণ্ডিকা যোগিনী মতা । চণ্ডঘণ্টা তৃতীয়স্য কূষ্মাণ্ডা তৎপরস্য চ ॥ ৫॥ স্কন্দমাতা তকারস্য পস্য কাত্যায়নী স্বয়ম্ । কালরাত্রিঃ সপ্তমস্য মহাদেবীতি সংস্থিতা ॥ ৬॥ প্রথমং বর্ণকবচং যোগিনীকবচং তথা । দেবৌঘকবচং পশ্চাদ্দেবীদিক্কবচং তথা ॥ ৭॥ ততস্তু পার্শ্বকবচং দ্বিতীয়ান্তাব্যয়স্য চ । কবচং তু ততঃ পশ্চাৎ ষড়্বর্ণকিবচং তথা ॥ ৮॥ অভেদ্যকবচং চেতি সর্বত্রাণপরায়ণম্ । ইমানি কবচান্যষ্টৌ যো জানাতি নরোত্তমঃ । সোহহমেব মহাদেবো দেবীরূপশ্চ শক্তিমান্ ॥ ৯॥ ওঁ অস্য শ্রীবৈষ্ণবীকবচস্তোত্রমহামন্ত্রস্য নারায়ণ ঋষিঃ । অনুষ্টুপ্

ছন্দঃ । শ্রীমহাবিদ্যা বৈষ্ণবীকাত্যায়নী দেবতা । সর্বার্থসাধনে জপে বিনিয়োগঃ ॥ অঃ পাতু পূর্বকাষ্ঠায়ামাগ্নেয়্যাং পাতু কঃ সদা । পাতু চো যমকাষ্ঠায়াণ্টো নৈরৃত্যাং চ সর্বদা ॥ ১০॥ মাং পাতু তোঽসৌ পাশ্চাত্যে শক্তির্বায়ব্যদিঙ্গতা । মূর্দ্নি রক্ষতু মাং সোঽসৌ বাহৌ মাং দক্ষিণে তু কঃ । মাং বামবাহৌ চ পাতু হৃদি তো মাং সদাবতু ॥ ১১॥ তঃ পাতু কণ্ঠদেশে মাং কট্যোঃ শক্তিস্তথাবতু । যঃ পাতু দক্ষিণে পাদে শো মাং বামপদে তথা ॥ ১২॥ শৈলপুত্রী তু পূর্বস্যাংআগ্নেয্যাং পাতু চণ্ডিকা । চণ্ডঘণ্টা পাতু যাম্যাং যমভীতিবিমর্দিনী ॥ ১৩॥ নৈরৃত্যে ত্বথ কৃষ্মাণ্ডা পাতু মাং জগতাং প্রসূঃ । স্কন্দমাতা পশ্চিমায়াং মাং রক্ষতু সৈদেব হি ॥ ১৪॥ কাত্যায়নী মাং বায়ব্যে পাতু লোকেশ্বরী সদা । কালরাত্রী তু কৌবের্যাং সদা রক্ষতু মাং স্বয়ম্ ॥ ১৫॥ মহাগৌরী তথেশান্যাং সততং পাতু পাবনী । নেত্রয়োর্বাসুদেবো মাং পাতু নিত্যং সনাতনঃ ॥ ১৬॥ ব্রহ্মা মাং পাতু বদনে পদ্মযোনিরযোনিজঃ । নাসাভাগে রক্ষতু মাং সর্বদা চন্দ্রশেখরঃ ॥ ১৭॥ গজবক্ত্রঃ স্তন্যযুগ্মে পাতু নিত্যং হরাত্মজঃ । বামদক্ষিণপাণ্যোর্মাং নিত্যং পাতু দিবাকরঃ ॥ ১৮॥ মহামায়া স্বয়ং নাভৌ মাং পাতু পরমেশ্বরী । মহালক্ষ্মীঃ পাতু গুহ্যে জানুনী তু সরস্বতী ॥ ১৯॥ মহামায়া পূর্বভাগে নিত্যং রক্ষতু মাংশুভা । অগ্নিজ্বালা তথাগ্নেয্যাং পায়ান্নিত্যং বরাসনী ॥ ২০॥ রুদ্রাণী পাতু মাং যাম্যাং নৈরৃত্যাং চণ্ডনায়িকা । উগ্রচণ্ডা পশ্চিমায়াং পাতু নিত্যং মহেশ্বরী ॥ ২১॥ প্রচণ্ডা পাতু বায়ব্যে কৌবের্যাং ঘোররূপিণী । ঈশ্বরী চ তথেশান্যাং পাতু নিত্যং সনাতনী ॥ ২২॥ ঊর্ধ্বে পাতু মহামায়া পাত্বধঃ পরমেশ্বরী । অগ্রতঃ

পাতু মামুগ্রা পৃষ্ঠতো বৈষ্ণবী তথা ॥ ২৩॥ ব্রহ্মাণী দক্ষিণে পার্শ্বে নিত্যং রক্ষতু শোভনা । কৌমারী পর্বতে পাতু বারাহী সলিলে চ মাম্ ॥ ২৪॥ নারসিংহী দংষ্ট্রিভয়ে পাতু মাং বিপিনেষু চ । ঐন্দ্রী মাং পাতু চাকাশে তথা সর্বজলে স্থলে ॥ ২৫॥ সেতুঃ সর্বাঙ্গুলীঃ পাতু দেবাদিঃ পাতু কর্ণয়োঃ । দেবান্তশ্চিবুকে পাতু পার্শ্বয়োঃ শক্তিপঞ্চমঃ ॥ ২৬॥ হা পাতু মাং তৈথের্বোর্বোর্মায়া রক্ষতু জঙ্ঘয়োঃ । সর্বেন্দ্রিয়াণি মে পাতু রোমকূপেষু সর্বদা ॥ ২৭॥ ত্বচি মাং বৈ সদা পাতু মাংশম্ভুঃ পাতু সর্বদা । নখদন্তকরোষ্ঠাদৌ যো মাং পাতু সৈদব হি ॥ ২৮॥ দেবাদিঃ পাতু মাং হস্তৌ দেবান্তঃ স্তনকক্ষয়োঃ । এতদাদৌ তু যঃ সেতুর্বাহ্যে মাং পাতু দেহতঃ ॥ ২৯॥ আজ্ঞাচক্রে সুষুম্নায়াংষট্চক্রে হৃদিসন্ধিষু । আদিষোড়শচক্রে চ ললাটাকাশ এব চ ॥ ৩০॥ বৈষ্ণবীতন্ত্রমন্ত্রশ্চ মাং নিত্যং রক্ষতাৎসদা । কর্ণনাডীষু সর্বাসু পার্শ্বকক্ষশিখাসু চ ॥ ৩১॥ রুধিরস্নায়ুমজ্জাসু মস্তিষ্কেষু চ পর্বসু । দ্বিতীয়াষ্টাক্ষরো মন্ত্রঃ কবচং পাতু সর্বতঃ ॥ ৩২॥ রেতো বায়ৌ নাভিরন্ধ্রে পৃষ্ঠসন্ধিষু সর্বতঃ । ষডক্ষরস্তৃতীয়োঽয়ং মন্ত্রো মাং পাতু সর্বদা ॥ ৩৩॥ নাসারন্ধ্রে মহামায়া কণ্ঠরন্ধ্রে তু বৈষ্ণবী । সর্বসন্ধিষু মাং পাতু দুর্গা দুর্গার্তিহারিণী ॥ ৩৪॥ শ্রোত্রয়োর্হুং ফডিত্যেবং নিত্যং রক্ষতু কালিকা । নেত্রবীজত্রয়ং নেত্রে সদা তিষ্ঠতু রক্ষিতুম্ ॥ ৩৫॥ ওঁ ঐং হ্রীং ক্লৌং নাসিকায়াং রক্ষন্তী চাস্তু চণ্ডিকা । ওঁ হ্রীং হূং মাং সদা তারা জিহ্বমূলে তু তিষ্ঠতু ॥ ৩৬॥ হৃদি তিষ্ঠতু মে সেতুর্জ্ঞানং রক্ষিতুমুত্তমম্ । ওঁ ক্লৌং ফট্ চ মহামারী পাতু মাং সর্বতঃ সদা ॥ ৩৭॥ ওঁ জূং সঃ কৌশিকী মাং প্রাণন্ রক্ষতু রক্ষিতা । ওঁ হ্রীং হূং মাং ভর্গদয়িতা দেহশূন্যেষু

পাতু মাম্ ॥ ৩৮॥ ওঁ মঃ সদাশৈলপুত্রী সর্বানোগ্রান্ প্রমৃজ্যতাম্ । ওঁ হ্রীং সঃ স্ফেং ক্ষঃ ফডস্ত্রায় সিংহব্যাঘ্রভয়াদ্রণাৎ ॥ ৩৯॥ শিবদূতী পাতু নিত্যং হ্রীং সর্বাস্ত্রেষু তিষ্ঠতু । ওঁ হ্বাং হ্রীং সঃ চণ্ডঘণ্টা কর্ণছিদ্রেষু পাতু মাম্ ॥ 8০॥ ওঁ হ্রীং সঃ কামেশ্বরী কামানভিতিষ্ঠতু রক্ষতু । ওঁ আং হূং ফট্ উগ্রচণ্ডা রিপূন্ বিঘ্নান্ বিমর্দতাম্ ॥ ৪১॥ ওঁ আং লাং পাতু মাং নিত্যং বৈষ্ণবী জগদীশ্বরী । ওঁ কং ব্রহ্মাণী পাতু চক্রাৎ ওঁ চং রুদ্রাণী তু শক্তিতঃ ॥ ৪২॥ ওঁ টং কৌমারী পাতু বজ্রাৎ ওঁ তং বারাহী তু কাণ্ডতঃ । ওঁ পং পাতু নারসিংহী মাং ক্রব্যাদেভ্যস্তথাস্ত্রতঃ ॥ ৪৩॥ শস্ত্রাস্ত্রেভ্যঃ সমস্তেভ্যো যন্ত্রেভ্যোঽনিষ্টমন্ত্রতঃ । চণ্ডিকা মাং সদা পাতু ওঁ যং সং দেব্যৈ নমো নমঃ ॥ ৪৪॥ বিশ্বাসঘাতকেভ্যো মামৈন্দ্রী রক্ষতু মন্মনঃ । ওঁ নমো মহামায়ায়ৈ ওঁ বৈষ্ণব্যৈ নমো নমঃ । রক্ষ মাং সর্বভূতেভ্যঃ সর্বত্র পরমেশ্বরী ॥ ৪৫॥ আধারে বায়ুমার্গে হৃদি কমলদলে চন্দ্রবৎস্মেরসূর্যে হস্তৌ বহ্নৌ সমিদ্ধে বিশতু বরদয়ামন্ত্রমষ্টাক্ষরং তৎ । যদ্ব্রহ্মা মূর্ধ্নি ধত্তে হরিরবতি গলে চন্দ্রচূডো হৃদিস্থং তন্মাং পাতু প্রধানং নিখিলমতিশয়ংপ্রদ্ধগর্ভাভবীজম্ ॥ ৪৬॥ আদ্যাঃ শেষাঃ স্বরৌঘের্নময়বলবরেরস্বরেণাপি যুক্তেঃ সানুস্বারা বিসর্গৈর্হরিহরবিদিতং যৎসহস্রং চ সাষ্টম্ । মন্ত্রাণাং সেতুবন্ধং নিবসতি সততং বৈষ্ণবীতন্ত্রমন্ত্রে তন্মাং পায়াৎপবিত্রং পরমবরমজঞ্জূতলব্যোমভাগে ॥ ৪৭॥ অঙ্গান্যষ্টৌ তথাষ্টৌ বসব ইহ তৈথেবাষ্টমূর্তির্দলানি প্রোক্তান্যষ্টৌ তথাষ্টৌ মধুমতিরচিতাঃ সিদ্ধয়োঽষ্টৌ তৈথেব । অষ্টাবষ্টাষ্টসঙ্খ্যা জগতি রতিকলাঃ ক্ষিপ্রকাষ্টাঙ্গয়োগা ময়্যষ্টাবক্ষরাণি ক্ষরতু সহিগণো যদ্ধৃদোয়ম্বমূষাম্ ॥

৪৮॥ ফলশ্রুতিঃ - ইতি তৎকবচং প্রোক্তং ধর্মকামার্থসাধকম্ । ইদং রহস্যং পরমমিদং সর্বার্থসাধকম্ ॥ ৪৯॥ যঃ সকৃচ্ছৃণুয়াদেতৎকবচং যন্ময়োদিতম্ । স সর্বান্ লভতে কামান্ পরত্র শিবরূপতাম্ ॥ ৫০॥ সকৃদ্যস্তু পঠেদেতৎ কবচং যন্ময়োদিতম্ । স সর্বযজ্ঞস্য ফলং লভতে নাত্র সংশয়ঃ ॥ ৫১॥ সঙ্গ্রামেষু জয়েচ্ছত্রন্ মতঙ্গানিব কেসরী । দহেত্তৃণং যথা বহ্নিস্তথাশত্রুন্ দহেৎসদা ॥ ৫২॥ নাস্ত্রাণি তস্য শস্ত্রাণি শরীরে প্রবিশন্তি বৈ । ন তস্য জায়তে ব্যাধির্ন চ দুঃখং কদাচন ॥ ৫৩॥ গুটিকাঞ্জনপাতালপাদলেপরসাঞ্জনম্ । উচ্চাটনাদ্যান্তাঃ সর্বাঃ প্রসীদন্তি চ সিদ্ধয়ঃ ॥ ৫৪॥ বায়োরিব গতিস্তস্য ভবেদৈন্যেরবারিতা । দীর্ঘায়ুঃ কামভোগী চ ধনবানভিজায়তে ॥ ৫৫॥ অষ্টম্যাং সংযুতো ভূত্বা নবম্যাং বিধিবচ্ছিবাম্ । পূজয়িত্বা বিধানেন বিচিন্ত্য মনসাশিবাম্ ॥ ৫৬॥ যো ন্যসেৎ কবচং দেহে তস্য পুণ্যফলংশৃণু । জিতব্যাধিঃ শতায়ুশ্চ রূপবান্ গুণবান্ সদা ॥ ৫৭॥ ধনরত্নৌঘসম্পূর্ণো বিদ্যাবান্ স চ জায়তে । নাগ্নির্দহতি তৎকায়ং নাপঃ সঙ্কুলেদয়ন্তি চ ॥ ৫৮॥ ন শোষয়তি তং বায়ুঃ ক্রব্যাত্তন্ন হিনন্তি চ । শস্ত্রাণি নৈনং ছিন্দন্তি ন তাপয়তি ভাস্করঃ ॥ ৫৯॥ ন তস্য জায়তে বিঘ্নো নাস্তি তস্য চ সঞ্জ্বরঃ । বেতালাশ্চ পিশাচাশ্চ রাক্ষসা গণনায়কাঃ ॥ ৬০॥ সর্বে তস্য বশং যান্তি ভূতগ্রামাশ্চতুর্বিধাঃ । নিত্যং পঠতি যো ভক্ত্যা কবচং হরনির্মিতম্ ॥ ৬১॥ সোঽহমেব মহাদেবো মহামায়া চ মাতৃকা । ধর্মার্থকামমোক্ষাশ্চ তস্য নিত্যং করে স্থিতাঃ ॥ ৬২॥ অন্যস্য বরদঃ সো বৈ নিত্যং ভবতি পণ্ডিতঃ ।

কবিত্বং সত্যবাদিত্বং সততং তস্য জায়তে ॥ ৬৩॥ বদেৎ শ্লোকসহস্রাণি ভবেৎ শ্রুতিধরস্তথা । লিখিতং যস্য গেহে তু কবচং ভৈরবস্থিতম্ ॥ ৬৪॥ ন তস্য দুর্গতিঃ ক্বাপি জায়তে তস্য দূষণম্ । গ্রহাশ্চ সর্বে তুষ্যন্তি বশং গচ্ছন্তি ভূমিপাঃ ॥ ৬৫॥ যদ্রাজ্যে কবচঞ্জোহস্তি জায়ন্তে তত্র নেতয়ঃ । সেতুর্দেবঃ শক্তিবীজং পঞ্চমো হায়নে নমঃ ॥ ৬৬॥ বায়ুর্বলেন চৈতায়ে দ্বিতীয়াষ্টাক্ষরং ত্রিদম্ । সেতুর্দেবোহথ বৈষ্ণব্যে ষডক্ষরমিদং স্মৃতম্ ॥ ৬৭॥ এতদ্দ্বয়ং তু জিহ্বাগ্রে সততং যস্য বর্ততে । তস্য দেবী মহামায়া কায়ে তিষ্ঠতি বৈ সদা ॥ ৬৮॥ মন্ত্রাণাং প্রণবঃ সেতুঃ তৎসেতুঃ প্রণবঃ স্মৃতঃ । ক্ষরত্যেনোঙ্কৃতং পূর্বং পরস্তাচ্চ বিশীর্যতে ॥ ৬৯॥ নমস্কারো মহামন্ত্রো দেব ইত্যুচ্যতে সুরৈঃ । দ্বিজাতীনাময়ং মন্ত্রঃ শূদ্রাণাং সর্বকর্মণি ॥ ৭০॥ অকারং চাপ্যুকারং চ মকারং চ প্রজাপতিঃ । বেদত্রয়াৎসমুদ্ধৃত্য প্রণবং নির্মমে পুরা ॥ ৭১॥ স উদাত্তো দ্বিজাতীনাং রাজ্ঞাং স্যাদনুদাত্তকঃ । প্রচিতশ্চারুজাতানাং মনসাপি তথা স্মরেৎ ॥ ৭২॥ চতুর্দশস্বরো যোহসৌ শেষ ঔকারসংজ্ঞকঃ । স চানুস্বারচন্দ্রাভ্যাংশূদ্রাণাং সেতুরুচ্যতে ॥ ৭৩॥ নিঃসেতু চ যথা তোয়ং ক্ষণান্নিম্নং প্রসর্পতি । মন্ত্রস্তথৈব নিঃসেতুঃ ক্ষণাৎ ক্ষরতি যজ্ঞনাম্ ॥ ৭৪॥ তস্মাৎসর্বত্র মন্ত্রেষু চতুর্বর্ণা দ্বিজাতয়ঃ । পার্শ্বয়োঃ সেতুমাদায় জপকর্ম সমাচরেৎ ॥ ৭৫॥ শূদ্রাণামাদিসেতুর্বা দ্বিঃ সেতুর্বা যথেচ্ছতঃ । দ্বিঃ সেতবঃ সমাখ্যাতাঃ সর্বদেব দ্বিজাতয়ঃ ॥ ৭৬॥ ঊর্ব উবাচএতত্তে সর্বমাখ্যাতং কবচং ত্র্যম্বকোদিতম্ । অভেদ্যং কবচং তত্তু কবচাষ্টিকমুত্তমম্ ॥ ৭৭॥ মহামায়ামন্ত্রকল্পং কবচং মন্ত্রসংযুতম্ ।

ষডক্ষরসমাযুক্তং ত্রিষু লোকেষু দুর্লভম্ ॥ ৭৮॥ এতত্ত্বং নৃপশার্দূল নিত্যং ভক্তিযুতঃ পঠন্ । জপন্ মন্ত্রং চ বৈষ্ণব্যাঃ সর্বসিদ্ধিমবাপ্স্যসি ॥ ৭৯॥ ইতি শ্রীমহাবিদ্যা বৈষ্ণবী কবচস্তোত্রং সম্পূর্ণম্ ।

মারুতিকবচম্

মারুতিকবচম্

ওঁ নমো ভগবতে বিচিত্রবীরহনুমতে প্রলয়কালানলপ্রভাপ্রজ্বলনায় । প্রতাপবজ্রদেহায় । অঞ্জনাগর্ভসম্ভূতায় । প্রকটবিক্রমবীরদৈত্যদানবয়ক্ষরক্ষোগণগ্রহবন্ধনায় । ভূতগ্রহবন্ধনায় । প্রেতগ্রহবন্ধনায় । পিশাচগ্রহবন্ধনায় । শাকিনীডাকিনীগ্রহবন্ধনায় । কাকিনীকামিনীগ্রহবন্ধনায় । ব্রহ্মগ্রহবন্ধনায় । ব্রহ্মরাক্ষসগ্রহবন্ধনায় । চোরগ্রহবন্ধনায় । মারীগ্রহবন্ধনায় । এহি এহি । আগচ্ছ আগচ্ছ । আবেশয় আবেশয় । মম হৃদয়ে প্রবেশয় প্রবেশয় । স্ফুর স্ফুর । প্রস্ফুর প্রস্ফুর । সত্যং কথয় । ব্যাঘ্রমুখবন্ধন । সর্পমুখবন্ধন । রাজমুখবন্ধন । নারীমুখবন্ধন । সভামুখবন্ধন । শত্রুমুখবন্ধন । সর্বমুখবন্ধন । লঙ্কাপ্রাসাদভঞ্জন । অমুকং মে বশমানয় । ক্লীং ক্লীং ক্লীং স্ত্রীং শ্রীং শ্রীং রাজানং বশমানয় । শ্রীং স্ত্রীং ক্লীং স্ত্রিয় আকর্ষয় আকর্ষয় শত্রুন্মর্দয় মর্দয় মারয় মারয় চূর্ণয় চূর্ণয় খে খে শ্রীরামচন্দ্রাজ্ঞয়া মম কার্যসিদ্ধিং কুরু কুরু । ওঁ হ্রাং হ্রীং হ্রূং হ্রৈং হ্রৌং হ্রঃ ফট্ স্বাহা । বিচিত্রবীর

হনূমন্ মম সর্বশত্রূন্ ভস্মী কুরু কুরু । হন হন হুং ফট্স্বাহা । (একাদশশতবারং জপিত্বা সর্বশত্রূন্ বশমানয়তি নান্যথা ইতি ॥)

বিকটনৃসিংহকবচম্

বিকটনৃসিংহকবচম্

শ্রী নৃসিংহায় নমঃ । ওঁ অস্য শ্রী নৃসিংহমন্ত্রস্য প্রহরাঋষিঃ । শিরসি । অনুষ্টুভ্ ছন্দঃ মুখে । জীবো বীজং হৃদি । অনন্তশক্তিঃ নাভৌ । পরমাত্মা কীলকম্ গুহ্যে । শ্রীনৃসিংহদেবতা প্রীত্যর্থে জপে বিনিয়োগঃ । শক্রহানিপরোমোক্ষমথদিব্য ন সংশয়ঃ । অথদিগ্বন্ধঃ । পূর্বেনৃসিংহ রক্ষেশ্চ ঈশান্যে উগ্ররূপকম্ । উত্তরে বজ্রকো রক্ষেৎ বায়ব্যাঞ্চ মহাবলে । পশ্চিমে বিকটো রক্ষেৎ নৈরৃত্যাং অগ্নিরূপকম্ । দক্ষিণে রৌদ্র রক্ষেচ্চ ঘোররূপপঞ্চাগ্নেয্যাম্ । ঊর্ধ্ব রক্ষেত্মহাকালী অধস্তাদিত্যমর্দনঃ । এতাভ্যো দশদিগ্‌ভ্যশ্চ সর্বং রক্ষেৎ নৃসিংহকঃ । ওঁ ক্রীং ছুরুং নৃং নৃং স্ত্রীং স্ত্রীং রুং রুং স্বাহা ॥ ওঁ নৃসিংহায় নমঃ । ওঁ বজ্ররূপায় নমঃ । ওঁ কালরূপায় নমঃ । ওঁ দুষ্টর্মর্দনায় নমঃ । ওঁ শক্রচূর্ণায় নমঃ । ওঁ ভবহারণায় নমঃ । ওঁ শোকহরায় নমঃ । ওঁ নরকেসরী বুং হুং হং ফট্ স্বাহা । ইতি দিগ্বন্ধনমন্ত্রঃ । ওঁ ছরুং ছরুং নৃং নৃং রুং রুং স্বাহা । ওঁ বুং বুং বুং দিগ্‌ভ্যঃ স্বাহা । নৃসিংহায় নমঃ । ওঁ হ্রং হ্রং হ্রং নৃসিংহায় নমঃ । অথ ন্যাসঃ । ওঁ অং

ঊং অঙ্গুষ্ঠাভ্যাং নমঃ । ওঁ নৃং নৃং নৃং তর্জনীভ্যাং নমঃ । ওঁ রাং রাং রাং মধ্যমাভ্যাং নমঃ । ওঁ শ্রাং শ্রাং শ্রাং অনামিকাভ্যাং নমঃ । ওঁ ঈং ঈং কনিষ্ঠিকাভ্যাং নমঃ । ওঁ ভ্রাং ভ্রাং ভ্রাং করতলকরপৃষ্ঠাভ্যাং নমঃ । ওঁ ব্রাং ব্রাং ব্রাং হৃদয়ায় নমঃ । ওঁ হ্রাং হ্রাং হ্রাং শিরসে স্বাহা । ওঁ ক্লীং ক্লীং ক্লীং শিখায়ৈ বৌষট্ । ওঁ জ্রাং জ্রাং জ্রাং কবচায় হুম্ । ওঁ শ্রীং শ্রীং শ্রীং নেত্রত্রয়ায়ে বৌষট্ । ওঁ আং আং অস্ত্রায় ফট্ । অথ নমস্কৃত্য । ওঁ নৃসিংহকালায় কালরূপঘোরায় চ । নমো নৃসিংহদেবায় কারুণ্যায় নমো নমঃ । ওঁ রাং উগ্রায় নমঃ । ওঁ ধারকায় উগ্রায় উগ্ররূপায় । ওঁ ঊং ধারণায় নমঃ । ওঁ বিভীষণভদ্রায় নমো নমঃ । করালায় নমঃ । ওঁ বজ্ররূপায় নমঃ । ওঁ ওঁ ওঁ ওঁকাররূপায় নমঃ । ওঁ জ্বালারূপায় নমঃ । ওঁ পরব্রহ্মাতো নৃং রাং রাং রাং নৃসিংহায় সিংহরূপায় নমোনমঃ । ওঁ নরকেসরী রাং রাং খং ভীং নৃসিংহায় নমঃ । ওঁ অকারঃ সর্ব সংরাজতু বিশ্বেশী বিশ্বপূজিতো । ওঁ বিশ্বেশ্বরায় নমঃ । ওঁ স্রোং স্রাং স্রাং স্রাং সর্বদেবেশ্বরী নিরালম্বনিরঞ্জননির্গুণসর্বেশ্বব তস্মৈ নমস্তে । ওঁ রুং রুং রুং নৃসিংহায় নমঃ । ওঁ ঔং উগ্রায় উগ্ররূপায় উগ্রধরায় তে নমঃ । ওঁ ভ্যাং ভ্যাং বিভীষণায় নমস্তে নমস্তে । ওঁ ভদ্রায় ভদ্র রূপায় ভবকরায় তে নমো নমঃ । ওঁ ব্রাং ব্রাং ব্রাং বজ্রদেহায় বজ্রতুণ্ডায় নমো ভব বজ্রায় বজ্রনখায় নমঃ । ওঁ হ্রাং হ্রাং হ্রাং হরিত ক্লীং ক্লীং বিষ সর্বদুষ্টানাং চ মর্দনং দৈত্যপিশাচ্চায় অন্যাশ্চ মহাবলায় নমঃ । ওঁ শ্রীং শ্রীং লৃং কামনার্থং কলিকালায় নমস্তে কামরূপিণে । ওঁ জ্রাং জ্রাং জ্রাং জ্রাং সর্বজগন্নাথ জগন্মহীদাতা জগ্মমহিমা জগব্যাপিনে দেব তস্মৈ নমো নমঃ । ওঁ শ্রী শ্রীং শ্রী শ্রীধর

সর্বেশ্বর শ্রীনিবাসিনে । ওঁ আং আং আং অনন্তায় অনন্তরূপায় বিশ্বরূপায় নমঃ । নমস্তে বিশ্বব্যাপিণে । ইতি স্তুতিঃ । ওঁ বিকটায় নমঃ । ওঁ উগ্ররূপায় নমঃ স্বাহা । ওঁ শ্রীনৃসিংহায় উদ্বিঘ্নায় বিকটোগ্রতপসে লোভমোহবিবর্জিতং ত্রিগুণরহিতং উচ্চাটনভ্রমিতং সর্বমায়াবিমুক্তং সিংহ রাগবিবর্জিত বিকটোগ্র নৃসিংহ নরকেসরী ॥ ওঁ রাং রাং রাং রাং রাং হ্রং হ্রং ক্ষীং ক্ষীং ধুং ধুং ফট্ স্বাহা ॥ ইতি শ্রী মহানৃসিংহমন্ত্রকবচং সম্পূর্ণম্ । শুভমস্তু । নৃসিংহার্পণমস্তু ॥

শ্রীহনুমৎকবচম্

শ্রীহনুমৎকবচম্

শ্রীরামদাস উবাচ - একদা সুখমাসীনং শঙ্করং লোকশঙ্করম্ । পপ্রচ্ছ গিরিজাকান্তং কর্পূরধবলং শিবম্ ॥ ১॥ পার্বত্যুবাচ - ভগবন্ দেবদেবেশ লোকনাথ জগৎপ্রভো । শোকাকুলানাং লোকানাং কেন রক্ষা ভবেদ্ধ্রুবম্ ॥ ২॥ সঙ্গ্রামে সঙ্কটে ঘোরে ভূতপ্রেতাদিকে ভয়ে । দুঃখদাবাগ্নিসন্তপ্তচেতসাং দুঃখভাগিনাম্ ॥ ৩॥ শ্রীশিব উবাচ - শৃণু দেবি প্রবক্ষ্যামি লোকানাং হিতকাম্যযা । বিভীষণায় রামেণ প্রেম্ণা দত্তং চ যৎপুরা ॥ ৪॥ কবচং কপিনাথস্য বায়ুপুত্রস্য ধীমতঃ । গুহ্যং তত্তে প্রবক্ষ্যামি বিশেষাচ্ছৃণু সুন্দরি ॥ ৫॥ উদ্যদাদিত্যসঙ্কাশমুদারভুজবিক্রমম্ । কন্দর্পকোটিলাবণ্যং সর্ববিদ্যাবিশারদম্ ॥ ৬॥ শ্রীরামহৃদয়ানন্দং ভক্তকল্পমহীরুহম্ । অভয়ং বরদং দোর্ভ্যাং কলয়ে মারুতাত্মজম্ ॥ ৭॥ হনুমানঞ্জনাসূনুর্বায়ুপুত্রো মহাবলঃ । রামেষ্টঃ ফাল্গুনসখঃ পিঙ্গাক্ষোঽমিতবিক্রমঃ ॥ ৮॥ উদধিক্রমণশ্চৈব সীতাশোকবিনাশনঃ । লক্ষ্মণপ্রাণদাতা চ দশগ্রীবস্য দর্পহা ॥ ৯॥ এবং দ্বাদশ নামানি কপীন্দ্রস্য মহাত্মনঃ । স্বাপকালে প্রবোধে চ যাত্রাকালে চ যঃ পঠেৎ ॥ ১০॥ তস্য সর্বভয়ং নাস্তি রণে চ বিজয়ী ভবেৎ । রাজদ্বারে গহ্বরে চ ভয়ং নাস্তি কদাচন ॥ ১১॥ উল্লঙ্ঘ্য সিন্ধোঃ সলিলং সলীলং যঃ শোকবহ্নিং জনকাত্মজায়াঃ । আদায় তেনৈব দদাহ লঙ্কাং নমামি তং প্রাঞ্জলিরাঞ্জনেয়ম্ ॥ ১২॥ ওঁ নমো হনুমতে সর্বগ্রহান্ ভূতভবিষ্যদ্বর্তমানান্ সমীপস্থান্ সর্বকালদুষ্টবুদ্ধীনুচ্চাটয় পরবলান্ ক্ষোভয় মম সর্বকার্যাণি সাধয় সাধয় । ওঁ হ্রাং হ্রৌং হুং ফট । ঘে ঘে ঘে ওঁ শিবসিদ্ধম্ । ওঁ হ্রাং ওঁ হ্রীং ওঁ হুং ওঁ হ্রৈং ওঁ হ্রৌং ওঁ

হ্রঃ-স্বাহা   ।
পরকৃতযন্ত্রমন্ত্রতন্ত্রপরাপকারভূতপ্রেতপিশাচদৃষ্টিসব
বিঘ্নদুর্জনচেষ্টাকুবিদ্যাসর্বোগ্রভয়ানি নিবারয় নিবারয় বন্ধ
বন্ধ, লুণ্ঠ লুণ্ঠ বিলুঞ্চ বিলুঞ্চ কিলি কিলি কিলি সর্বকুযন্ত্রাণি
দুষ্টবাচং   ওঁ   ফট   স্বাহা   ।   ওঁ   অস্য
শ্রীহনুমৎকবচস্তোত্রমন্ত্রস্য শ্রীরামচন্দ্র ঋষিঃ । শ্রীহনুমান্
পরমাত্মা   দেবতা । অনুষ্টুপ্ছন্দঃ । মারুতাত্মজ ইতি
বীজম্ ।   অঞ্জনাসূনুরিতি   শক্তিঃ ।   লক্ষ্মণপ্রাণদাতেতি
কীলকম্   ।   রামদূতায়েত্যস্ত্রম্   ।   হনুমান্ দেবতা ইতি
কবচম্   ।   পিঙ্গাক্ষোঽমিতবিক্রম   ইতি   মন্ত্রঃ   ।
শ্রীরামচন্দ্রপ্রেরণয়া   রামচন্দ্রপ্রীত্যর্থং   মম
সকলকামনাসিদ্ধ্যর্থং   জপে   বিনিয়োগঃ   ।   অথ
অঙ্গুলিন্যাসঃ । ওঁ হ্রাং অঞ্জনাসুতায় অঙ্গুষ্ঠাভ্যাং নমঃ । ওঁ
হ্রীং   রুদ্রমূর্তয়ে   তর্জনীভ্যাং   নমঃ । ওঁ হুং রামদূতায়
মধ্যমাভ্যাং নমঃ । ওঁ হ্রৈং বায়ুপুত্রায় অনামিকাভ্যাং নমঃ
। ওঁ হ্রৌং অগ্নিগর্ভায় কনিষ্ঠিকাভ্যাং নমঃ । ওঁ হ্রঃ
ব্রহ্মাস্ত্রনিবারণায় করতলকরপৃষ্ঠাভ্যাং নমঃ ॥ অঙ্গন্যাসঃ
। ওঁ হ্রাং অঞ্জনাসুতায় হৃদয়ায় নমঃ । ওঁ হ্রীং রুদ্রমূর্তয়ে
শিরসে স্বাহা । ওঁ হুং রামদূতায় শিখায়ৈ বষট্ । ওঁ হ্রৈং
বায়ুপুত্রায় কবচায় হুং । ওঁ হ্রৌং অগ্নিগর্ভায় নেত্রত্রয়ায়
বৌষট্   ।   ওঁ   হ্রঃ   ব্রহ্মাস্ত্রনিবারণায়   অস্ত্রায়   ফট্   ।
ভূর্ভুবঃসুবরোমিতি   দিগ্বন্ধঃ   ॥   অথ   ধ্যানম্   ।
ধ্যায়েদ্বালদিবাকরদ্যুতিনিভং   দেবারিদর্পাপহং
দেবেন্দ্রপ্রমুখং   প্রশস্তয়শসং   দেদীপ্যমানং   রুচা   ।
সুগ্রীবাদিসমস্তবানরযুতং   সুব্যক্ততত্ত্বপ্রিয়ং
সংরক্তারুণলোচনং পবনজং পীতাম্বরালঙ্কৃতম্ ॥ ১॥
উদ্যন্মার্তাণ্ডকোটিপ্রকটরুচিযুতং   চারুবীরাসনস্থং

মৌঞ্জীয়জ্ঞোপবীতাভরণরুচিশিখং শোভিতং কুণ্ডলাক্ষম্‌ । ভক্তানামিষ্টদং তং প্রণতমুনিজনং বেদনাদপ্রমোদং ধ্যায়েদেবং বিধেমং প্লগকুলপতিং গোষ্পদীভূতবার্ধিম্‌ ॥ ২॥ বজ্রাঙ্গং পিঙ্গকেশাঢ্যং স্বর্ণকুণ্ডলমণ্ডিতম্‌ । নিগূঢ়মুপসঙ্গম্য পারাবারপরাক্রমম্‌ ॥ ৩॥ স্ফটিকাভং স্বর্ণকান্তিং দ্বিভুজং চ কৃতাঞ্জলিম্‌ । কুণ্ডলদ্বয়সংশোভিমুখাম্ভোজং হরিং ভজে ॥ ৪॥ সব্যহস্তে গদায়ুক্তং বামহস্তে কমণ্ডলুম্‌ । উদ্যদ্দক্ষিণদোর্দণ্ডং হনুমন্তং বিচিন্তয়েৎ ॥ ৫॥ অথ মন্ত্রঃ । ০ন্নমো হনুমতে শোভিতাননায় যশোহলঙ্কৃতায় অঞ্জনীগর্ভসম্ভূতায় রামলক্ষ্মণানন্দকায় কপিসৈন্যপ্রকাশনপর্বতোৎপাটনায়

সুগ্রীবসাহ্যকরণপরোচ্চাটনকুমারব্রহ্মচর্যগম্ভীরশব্দোদায় হ্রীঃ সর্বদুষ্টগ্রহনিবারণায় স্বাহা । ০ন্নমো হনুমতে এহি এহি এহি সর্বগ্রহভূতানাং শাকিনীডাকিনীনাং বিষমদুষ্টানাং সর্বেষামাকর্ষয়্যাকর্ষয় । মর্দয় মর্দয় । ছেদয় ছেদয় । মর্ত্যান্‌ মারয় মারয় । শোষয় শোষয় । প্রজ্বল প্রজ্বল । ভূতমণ্ডলপিশাচমণ্ডলনিরসনায় । ভূতজ্বর-প্রেতজ্বর-চাতুর্থিকজ্বর-ব্রহ্মারাক্ষস-পিশাচচ্ছেদনক্রিয়া- বিষ্ণুজ্বর-মহেশজ্বরান্‌ ছিন্ধি ছিন্ধি । ভিন্ধি ভিন্ধি । অক্ষিশূলে শিরোঽভ্যন্তরে হ্যক্ষিশূলে গুল্মশূলে পিত্তশূলে ব্রহ্মারাক্ষসকুলপ্রবলনাগকুলবিষং নির্বিষং কুরু ঝটিতিঝটিতি । ওঁ হ্রীং ফট্‌ ঘে ঘে স্বাহা । ওঁ নমো হনুমতে পবনপুত্র বৈশ্বানরমুখ পাপদৃষ্টিহনুমতেকো আজ্ঞাফুরে স্বাহা । স্বগৃহে দ্বারে পট্টকে তিষ্ঠ তিষ্ঠেতি তত্র রোগভয়ং রাজকুলভয়ং নাস্তি, তস্যোচ্চারণমাত্রেণ সর্বে জ্বরা নশ্যন্তি । ওঁ হ্রাং হ্রীং হ্রূং ফট্‌ ঘে ঘে স্বাহা । শ্রীরামচন্দ্র

উবাচ- হনুমান্ পূর্বতঃ পাতু দক্ষিণে পবনাত্মজঃ । পাতু প্রতীচ্যাং রক্ষোঘ্নঃ পাতু সাগরপারগঃ ॥ ১॥ উদীচ্যামূর্ধ্বতঃ পাতু কেসরীপ্রিয়নন্দনঃ । অধস্ত বিষ্ণুভক্তস্তু পাতু মধ্যং চ পাবনিঃ ॥ ২॥ লঙ্কাবিদাহকঃ পাতু সর্বাপদ্ভ্যো নিরন্তরম্ । সুগ্রীবসচিবঃ পাতু মস্তকং বায়ুনন্দনঃ ॥ ৩॥ ভালং পাতু মহাবীরো ভ্রুবোর্মধ্যে নিরন্তরম্ । নেত্রে ছায়াপহারী চ পাতু নঃ প্লবগেশ্বরঃ ॥ ৪॥ কপোলে কর্ণমূলে চ পাতু শ্রীরামকিঙ্করঃ । নাসাগ্রমঞ্জনাসূনুঃ পাতু বক্ত্রং হরীশ্বরঃ ॥ বাচং রুদ্রপ্রিয়ঃ পাতু জিহ্বাং পিঙ্গললোচনঃ ॥ ৫॥ পাতু দেবঃ ফাল্গুনেষ্টঃ চিবুকং দৈত্যদর্পহা । পাতু কণ্ঠং চ দৈত্যারিঃ স্কন্ধৌ পাতু সুরার্চিতঃ ॥ ৬॥ ভুজৌ পাতু মহাতেজাঃ করৌ চ চরণায়ুধঃ । নখান্ নখায়ুধঃ পাতু কুক্ষৌ পাতু কপীশ্বরঃ ॥ ৭॥ বক্ষো মুদ্রাপহারী চ পাতু পার্শ্বে ভুজায়ুধঃ । লঙ্কাবিভঞ্জনঃ পাতু পৃষ্ঠদেশে নিরন্তরম্ ॥ ৮॥ নাভিং চ রামদূতস্তু কটিং পাত্বনিলাত্মজঃ গুহ্যং পাতু মহাপ্রাজ্ঞো লিঙ্গং পাতু শিবপ্রিয়ঃ ॥ ৯॥ ঊরু চ জানুনী পাতু লঙ্কাপ্রাসাদভঞ্জনঃ । জঙ্ঘে পাতু কপিশ্রেষ্ঠো গুল্ফৌ পাতু মহাবলঃ । অচলোদ্ধারকঃ পাতু পাদৌ ভাস্করসন্নিভঃ ॥ ১০॥ অঙ্গান্যমিতসত্ত্বাঢ্যঃ পাতু পাদাঙ্গুলীংস্তথা । সর্বাঙ্গানি মহাশূরঃ পাতু রোমাণি চাত্মবিৎ ॥ ১১॥ হনুমৎকবচং যস্তু পঠেদ্বিদ্বান্ বিচক্ষণঃ । স এব পুরুষশ্রেষ্ঠো ভুক্তিং মুক্তিং চ বিন্দতি ॥ ১২॥ ত্রিকালমেককালং বা পঠেন্মাসত্রয়ং নরঃ । সর্বান্ রিপূন্ ক্ষণাজ্জিত্বা স পুমান্ শ্রিয়মাপ্নুয়াৎ ॥ ১৩॥ মধ্যরাত্রৌ জলে স্থিত্বা সপ্তবারং পঠেদ্যদি । ক্ষয়াপস্মারকুষ্ঠাদি তাপত্রয়নিবারণম্ ॥ ১৪॥ অশ্বথমূলেহর্কবারে স্থিত্বা

পঠতি যঃ পুমান্ । অচলাং শ্রিয়মাপ্নোতি সঙ্গ্রামে বিজয়ং তথা ॥ ১৫॥ বুদ্ধির্বলং যশো ধৈর্যং নির্ভয়ত্বমরোগতাম্ । সুদার্ঢ্যং বাক্স্ফুরত্বং চ হনুমৎস্মরণাদ্ভবেৎ ॥ ১৬॥ মারণং বৈরিণাং সদ্যঃ শরণং সর্বসম্পদাম্ । শোকস্য হরণে দক্ষং বন্দে তং রণদারুণম্ ॥ ১৭॥ লিখিত্বা পূজয়েদ্যস্তু সর্বত্র বিজয়ী ভবেৎ । যঃ করে ধারয়েন্নিত্যং স পুমান্ শ্রিয়মাপ্নুয়াৎ ॥ ১৮॥ স্থিত্বা তু বন্ধনে যস্তু জপং কারয়তি দ্বিজঃ । তৎক্ষণান্মুক্তিমাপ্নোতি নিগডাতৃত্তু তথৈব চ ॥ ১৯॥ ঈশ্বর উবাচ - ভাম্বিন্দোশ্চরণারবিন্দযুগলং কৌপীনমৌঞ্জীধরং কাঞ্চিশ্রেণিধরং দুকূলবসনং যজ্ঞোপবীতাজিনম্ । হস্তাভ্যাং ধৃতপুস্তকং চ বিলসদ্ধারাবলিং কুণ্ডলং যশ্চালং বিশিখং প্রসন্নবদনং শ্রীবায়ুপুত্রং ভজে ॥ ২০॥ যো বারান্নিধিমল্পপল্বলমিবোল্লঙ্ঘ্য প্রতাপান্বিতো বৈদেহীঘনশোকতাপহরণো বৈকুণ্ঠভক্তপ্রিয়ঃ । অক্ষাদ্যার্জিতরাক্ষসেশ্বরমহাদোষহারী রণে সোঽয়ং বানরপুঙ্গবোঽবতু সদা যোঽস্মান্সমীরাত্মজঃ ॥ ২১॥ বজ্রাঙ্গং পিঙ্গনেত্রং কনকময়লসৎকুণ্ডলাক্রান্তগণ্ডং দন্ষ্টোলিস্তম্ভসারং প্রহরণসুবশীভূতরক্ষোঽধিনাথম্ । উদ্যল্লাঙ্গূলসপ্তপ্রচলচলধরং ভীমমূর্তিং কপীন্দ্রং ধ্যায়েত্তং রামচন্দ্রং ভ্রমরদৃঢকরং সত্ত্বসারং প্রসন্নম্ ॥ ২২॥ বজ্রাঙ্গং পিঙ্গনেত্রং কনকময়লসৎকুণ্ডুলিঃ শোভনীয়ং সর্বাপীড্যাদিনাথং করতলবিধৃতং পূর্ণকুম্ভং দৃঢং বা । ভক্তানামিষ্টিকারং বিদধতি চ সদা সুপ্রসন্নং হরাংশং ত্রৈলোক্যত্রাতুকামং সকলভুবি গতং রামদূতং নমামি ॥ ২৩॥ বামে করে বৈরিভিদং বহন্তং শৈলং পরং শৃঙ্খলহারকণ্ঠম্ । দধানমাচ্ছাদ্য সুপর্ণবর্ণং ভজে

জ্বলৎকুণ্ডলমাঞ্জনেয়ম্ ॥ ২৪॥ পদ্মরাগমণিকুণ্ডলত্বিষা পাটলীকৃতকপোলমণ্ডলম্ । দিব্যদেহকদলীবনান্তরে ভাবয়ামি পবমাননন্দনম্ ॥ ২৫॥ যত্র যত্র রঘুনাথকীর্তনঃ তত্র তত্র কৃতমস্তকাঞ্জলিম্ । বাষ্পবারিপরিপূর্ণলোচনঃ মারুতিং নমত রাক্ষসান্তকম্ । ২৬॥ মনোজবং মারুততুল্যবেগং জিতেন্দ্রিয়ং বুদ্ধিমতাং বরিষ্ঠম্ । বাতাত্মজং বানরয়ূথমুখ্যং শ্রীরামদূতং শিরসা নমামি ॥ ২৭॥ বিবাদে দিব্যকালে চ দ্যূতে রাজকুলে রণে । দশবারং পঠেদ্রাত্রৌ মিতাহারো জিতেন্দ্রিয়ঃ ॥ ২৮॥ বিজয়ং লভতে লোকে মানবেষু নরেষু চ । ভূতে প্রেতে মহাদুর্গেহিরণ্যে সাগরসম্প্লবে । ২৯॥ সিংহব্যাঘ্রভয়ে চোগ্রে শরশস্ত্রাস্ত্রপাতনে । শৃঙ্খলাবন্ধনে চৈব কারাগৃহনিয়ন্ত্রণে ॥ ৩০॥ কোপে স্তম্ভে বহিচক্রে ক্ষেত্রে ঘোরে সুদারুণে । শোকে মহারণে চৈব ব্রহ্মাগ্রহনিবারণম্ ॥ ৩১॥ সর্বদা তু পঠেন্নিত্যং জয়মাপ্নোতি নিশ্চিতম্ । ভূর্জে বা বসনে রক্তে ক্ষৌমে বা তালপত্রকে ॥ ৩২॥ ত্রিগন্ধিনা বা মষ্যা বা বিলিখ্য ধারয়েন্নরঃ । পঞ্চসপ্তত্রিলৌহের্বা গোপিতঃ সর্বতঃ শুভম্ ॥ ৩৩॥ করে কট্যাং বাহুমূলে কণ্ঠে শিরসি ধারিতম্ । সর্বান্কামানবাপ্নোতি সত্যং শ্রীরামভাষিতম্ ॥ ৩৪॥ অপরাজিত নমস্তেহস্তু নমস্তে রামপূজিত । প্রস্থানং চ করিষ্যামি সিদ্ধির্ভবতু মে সদা ॥ ৩৫॥ ইত্যুক্ত্বা যো ব্রজেদ্গ্রামং দেশং তীর্থান্তরং রণম্ । আগমিষ্যতি শীঘ্রং স ক্ষেমরূপো গৃহং পুনঃ ॥ ৩৬॥ ইতি বদতি বিশেষাদ্রাঘবে রাক্ষসেন্দ্রঃ প্রমুদিতবরচিত্তো রাবণস্যানুজো হি । রঘুবরপদপদ্মং বন্দয়ামাস ভূয়ঃ কুলসহিতকৃতার্থঃ শর্মদং মন্যমানঃ ॥ ৩৭॥ তং

বেদশাস্ত্রপরিনিষ্টিতশুদ্ধবুদ্ধিং শর্মপ্রদং সুরমুনীন্দ্রনুতং কপীন্দ্রম্ । কৃষ্ণত্বচং কনকপিঙ্গজটাকলাপং ব্যাসং নমামি শিরসা তিলকং মুনীনাম্ ॥ ৩৮॥ য ইদং প্রাতরুত্থায় পঠেত কবচং সদা । আয়ুরারোগ্যসন্তানৈস্তস্য স্তব্যঃ স্তবো ভবেৎ ॥ ৩৯॥ এবং গিরীন্দ্রজে শ্রীমদ্ধনুমৎকবচং শুভম্ । ত্বয়া পৃষ্টং ময়া প্রীত্যা বিস্তরাদ্বিনিবেদিতম্ ॥ ৪০॥ শ্রীরামদাস উবাচ - এবং শিবমুখাচ্ছরুত্বা পার্বতী কবচং শুভম্ । হনুমতঃ সদা ভক্ত্যা পপাঠ তন্মনাঃ সদা ॥ ৪১॥ এবং শিষ্য ত্বয়াহপ্যত্র যথা পৃষ্টং তথা ময়া । হনুমৎকবচং চেদং তবাগ্রে বিনিবেদিতম্ ॥ ৪২॥ ইদং পূর্বং পঠিত্বা তু রামস্য কবচং ততঃ । পঠনীয়ং নৈর্ভক্ত্যা নৈকমেব পঠেৎকদা ॥ ৪৩॥ হনুমৎকবচং চাত্র শ্রীরামকবচং বিনা । যে পঠন্তি নরাশ্চাত্র পঠনং তদ্বৃথা ভবেৎ ॥ ৪৪॥ তস্মাৎসর্বৈঃ পঠনীয়ং সর্বদা কবচদ্বয়ম্ । রামস্য বায়ুপুত্রস্য সদ্ভুক্তেশ্চ বিশেষতঃ ॥ ৪৫॥ ইতি শ্রীশতকোটিরামচরিতান্তর্গত শ্রীমদানন্দরামায়ণে বাল্মিকীয়ে মনোহরকাণ্ডে ত্রয়োদশসর্গান্তর্গতং শ্রীহনুমৎকবচং সম্পূর্ণম্ ॥ হনুমৎ-লক্ষ্মণ-সীতা-রাম-ভরত-শত্রুঘ্ন ষট্ কবচানি পঠনীয়ম্ । ষট্ কবচানি পঠিতুং অশক্তশ্চেৎ হনুমৎ-লক্ষ্মণ-সীতা-রাম – অথবা হনুমৎ-সীতা-রাম অথবা হনুমৎ-রাম / সীতা-রাম কবচানি । অথবা শ্রীরামকবচমেব পঠনীয়ম্ ॥

হাকিনীশক্তিকবচম্

হাকিনীশক্তিকবচম্

অথ চতুরশীতিতমঃ পটলঃ শ্রীআনন্দভৈরব উবাচ অথাদৌ কথয়ানন্দভৈরবি প্রাণবল্লভে । কবচং হাকিনীদেব্যাঃ পরমানন্দবর্ধনম্ ॥ ৮৪-১॥ হেতুযুক্তং শ্রদ্ধয়া মে করুণাসাগরস্থিতে । শীঘ্রং বিরচয়ানন্দ কবচং সারমঙ্গলম্ ॥ ৮৪-২॥ শ্রীআনন্দভৈরবী উবাচ আদৌ শৃণু মহাবীর পরমানন্দসাগর । কবচং হাকিনীদেব্যাঃ সংসারার্ণবতারকম্ ॥ ৮৪-৩॥ যস্য স্মরণমাত্রেণ যোগী যোগস্থিরো ভবেৎ । অন্তরিক্ষে চ ভূলোকে পাতালে যে চরাচরাঃ ॥ ৮৪-৪॥ স্তম্ভিতা বেপমানাঃ স্যুর্বিদ্যাজ্ঞানাদিপাঠতঃ । কবচধ্বনিমাত্রেণ ভূতপ্রেতপিশাচকাঃ ॥ ৮৪-৫॥ বিদ্রবন্তি ভয়ার্তা বৈ কালরুদ্রপ্রভাবতঃ । যথাহহলোকো বহ্নিমধ্যে স্থিরো ভবতি নিশ্চিতম্ ॥ ৮৪-৬॥ ওঁ অস্যাঃ শ্রীহাকিনীদেব্যাঃ সানন্দসারমঙ্গলস্য মহাকবচস্য সদাশিব ঋষির্গায়ত্রীচ্ছন্দঃ শ্রীহাকিনীপরদেবতা ক্লীং বীজং স্বাহা শক্তিঃ সিদ্ধলক্ষ্মীমূলকীলকং দেহান্তর্গত মহাকামসিদ্ধ্যর্থে জপে বিনিয়োগঃ । ওঁ পাতু শীর্ষচক্রং

মে ক্লীং পাতু ভালমণ্ডলম্ । স্বমূলং পাতু মে নিত্যং লোচনত্রিতয়ং মম ॥ ৮৪-৬॥ গণ্ডযুগ্মং সদা পাতু বাগ্ভবাদ্যা মনোরমা । শ্রীং স্ত্রীং পাতু কর্ণযুগ্মং হাকিনী পরদেবতা ॥ ৮৪-৭॥ মহাবিদ্যা সদা পাতু মমোষ্ঠাধরসম্পুটম্ । দন্তাবলিযুগং পাতু স্ত্রীং শ্রীং স্বাহা পরেশ্বরী ॥ ৮৪-৯॥ ক্লীং স্ত্রীং শ্রীং হাকিনীদেবী স্বাহা পাতু রসপ্রিয়াম্ । সৃক্কণীং পাতু সততং শক্তিঃ কামবরা মধুঃ ॥ ৮৪-১০॥ স্বাহা পাতু শিখা শক্তির্ভ্রূমধ্যং পাতু সর্বদা । হাকিনী মণ্ডলং পাতু পরানাথেশ্বরী পরা ॥ ৮৪-১১॥ সুন্দরী সর্বদা পাতু দ্বিদলং কামসুন্দরী । অমৃতাখ্যা সদা পাতু দ্বপ্রকাশস্থলং মম ॥ ৮৪-১২॥ বহ্নিজ্বালা সদা পাতু দ্বশ্মশানস্থলং মম । সুরভী পাতু মায়াস্ত্রং স্বাহা মে দ্বগতচ্ছদম্ ॥ ৮৪-১৩॥ ত্রিকোণং পাতু কামাখ্যা হাকিনী পরমেশ্বরী । ত্রিপুরা সুন্দরী পাতু দ্বিষট্কোণং সদা মম ॥ ৮৪-১৪॥ হিঙ্গুলাদেশ্বরী পাতু ষট্কোণবিন্দুমণ্ডলম্ । সপ্তভূবিম্বমাপাতু ভূতলান্তঃপ্রকাশিনী ॥ ৮৪-১৫॥ মহাশতদলং পাতু শতকোটিমরুপ্রিয়া । গুরুবিদ্যাময়ী পাতু বাণী মে মত্তগামিনী ॥ ৮৪-১৬॥ চতুর্দ্বারং সর্বচক্রং পাতু মে পরমেশ্বরী । অত্যন্তদুঃখহন্ত্রী মে মনশ্চক্রং সদাহবতু ॥ ৮৪-১৭॥ শব্দব্রহ্মাময়ী পাতু চন্দ্রমণ্ডলমেব মে । অকালতারিণী দুর্গা সর্গস্থিত্যন্তকারিণী ॥ ৮৪-১৮॥ মহাপুরুষসংস্থানং হাকিনী মণ্ডলং মম । পাতু বর্ণময়ী তারা চন্দ্রার্ধং মে সুরেশ্বরী ॥ ৮৪-১৯॥ উন্মনীনগরং পাতু বহ্নিকুণ্ডনিবাসিনী । মদিরা পাতু সততং ভালং বিষহরা মম ॥ ৮৪-২০॥ ধর্মদা জ্ঞানদা পাতু ধর্মজ্ঞানপদং মম । তালপত্রীশ্বরী পাতু অমৃতানন্দকারিণী ॥ ৮৪-২১॥ বৈরাগ্যনিকরং পাতু বিন্দুস্থানং মহাবলা । ত্রিতারী

কূটশক্তির্মে সদা পাতু বিশুদ্ধকম্ ॥ ৮৪-২২॥ শাকিনীশং সদা পাতু শাকিনী কুলভৈরবী । সপ্তদ্বীপেশ্বরী পাতু মম ষোড়শপঙ্কজম্ ॥ ৮৪-২৩॥ শাকিনী ভৈরবী পাতু চণ্ডুদুর্গা সরস্বতী । কুমারী কুলজা লক্ষ্মীঃ সিদ্ধার্থং মে সদাহবতু ॥ ৮৪-২৪॥ হৃদয়ং পাতু সততং শাকিনী পরমেশ্বরী । বীজরূপা সদা দেবী মহামহিষঘাতিনী ॥ ৮৪-২৫॥ উদরং পাতু সততং যোগিনীকোটিভিঃ সহ । উমা মহেশ্বরী পাতু প্রচণ্ডা মম পৃষ্ঠকম্ ॥ ৮৪-২৬॥ চামুণ্ডা ভৈরবী বালা পার্শ্বযুগ্মং সদাহবতু । পরমা চেশ্বরী পাতু দেবমাতা স্তনদ্বয়ম্ ॥ ৮৪-২৭॥ সৌভাগ্যহাকিনী দেবী পায়াত্তু যক্ষসঃ প্রিয়ম্ । আদ্যা দেবী শিখারূপা ভুজযুগ্মং সদাহবতু ॥ ৮৪-২৮॥ সর্বাপরাধহর্ত্রী মে কামবিদ্যা দশচ্ছদম্ । মণিপূরং সদা পাতু দশবর্ণাত্মিকা শিবা ॥ ৮৪-২৯॥ নাভিচক্রং সদা পাতু লাকিনী পদ্মবাসিনী । নিত্যদেশদলং পাতু পার্বতী বেদপালিনী ॥ ৮৪-৩০॥ মহারুদ্রেশ্বরী পাতু পীঠরূপং মণিং মম । তেজোমণ্ডলমাপাতু রুদ্রাণী শূলধারিণী ॥ ৮৪-৩১॥ অভয়া সর্বদা পাতু যোগবিদ্যা নিতম্বকম্ । নিতম্বাধারচক্রং মে পাতু শৈলং নিতম্বিনীম্ ॥ ৮৪-৩২॥ তরুণী মন্ত্রজালস্থা বৈষ্ণবী লিঙ্গমণ্ডলম্ । সদা পাতু হাকিনীশা মহাবিষ্ণুস্থলং মম ॥ ৮৪-৩৩॥ বৈষ্ণবী ললিতা মায়া রমাদেবী কটিং মম । স্বাধিষ্ঠানং সদা পাতু গুহ্যরূপা সরস্বতী ॥ ৮৪-৩৪॥ ভবানী ভগবৎপত্নী শ্মশানকালিকা গুদম্ । পাতু মে রণমাতঙ্গী রাকিনী কুলমণ্ডলম্ ॥ ৮৪-৩৫॥ ব্যক্তাব্যক্তস্বরূপা মে মূলাধারং সদাহবতু । চতুর্দলং চতুর্বর্ণং পাতু মে জ্ঞানকুণ্ডলী ॥ ৮৪-৩৬॥ তপস্বিনী সদা পাতু পাবনী মূলমাবতু । রতিকা ঘটিকা বেশ্যা ধরিণী

কামসুন্দরী ॥ ৮৪-৩৭॥ বহ্নিকান্তা সদা পাতু মমোরুযুগলং সদা । উল্কামুখী ক্ষেত্রসিদ্ধা জঙ্ঘাযুগ্মং সদাহবতু ॥ ৮৪-৩৮॥ বালামুখী পাতু সম্পৎপ্রদা শ্রীকুলভৈরবী । পাদাম্বুজদ্বয়ং পাতু সর্ব্বাঙ্গং পরহাকিনী ॥ ৮৪-৩৯॥ মদনা মেদিনী ধন্যা চামুণ্ডা মুণ্ডমালিনী । রমা কামকলা জ্যেষ্ঠা তথাজ্ঞা রতিসুন্দরী ॥ ৮৪-৪০॥ মনোযোগা সদা পাতু নির্ম্মলা বিমলামলা । কাঞ্চনী বগলা রাত্রিঃ পঞ্চমী রতিসুন্দরী ॥ ৮৪-৪১॥ সর্বত্র সর্বদা পাতু যোগাদ্যা প্রেমকাতরা । পর্বতে বিপিনে শূন্যে রণে ঘোরতরে ভবে ॥ ৮৪-৪২॥ শ্মশানবাসিনী পাতু সর্ব্বাহনবাহনা । সর্ব্বাস্ত্রধারিণী পাতু পঞ্চমী পঞ্চমপ্রিয়া ॥ ৮৪-৪৩॥ চতুর্ভুজা সদা পাতু হাকিনী দেহদেবতা । সহস্রায়ুতকোটীন্দুবদনা পরমেশ্বরী ॥ ৮৪-৪৪॥ যোগিনীভিঃ সদা পাতু সর্বদেশে তু সর্বদা । অনন্তা সর্বদা পাতু মহাবিঘ্নবিনাশিনী ॥ ৮৪-৪৫॥ জলে চানলগর্ত্তে বা ব্যাধিভীতৌ রিপোর্ভয়ে । ব্যাঘ্রভীতৌ চৌরভীতৌ মহোন্মাদভয়াদিষু ॥ ৮৪-৪৬॥ গ্রহভীতৌ দেবভীতৌ দানবাদ্রিভয়েষু চ । অভয়া নির্ভয়া ভীতিহারিণী ভয়নাশিনী ॥ ৮৪-৪৭॥ মহাভীমা ভদ্রকালী ভৈরবী মারকামলা । মহাভূতেশ্বরী মাতা জগদ্ধাত্রী সদাহবতু ॥ ৮৪-৪৮॥ সর্বদেশে সর্বপীঠে মাতৃকা পাতু নিত্যশঃ । ইত্যেতৎ কবচং সর্বসিদ্ধিদং দুঃখনাশনম্ ॥ ৮৪-৪৯॥ কথিতং তব যত্নেন মহাকাল প্রভো ! হর । যঃ পঠেৎ প্রাতরুত্থায় কবচং দেবদুর্লভম্ ॥ ৮৪-৫০॥ স ভবেৎ কালজেতাহপি স দেবো ন তু মানুষঃ । ধ্যানাত্মা সাধকঃ শ্রীমান্ পরমাত্মা ভবেৎ স্বয়ম্ ॥ ৮৪-৫১॥ আজ্ঞাপদ্মে স্থিরো ভূত্বা নিত্যো ভবতি নিশ্চিতম্ । অকালমৃত্যুহরণং সংসারার্ণবতারণম্ ॥

৮৪-৫২॥ কবচং দেবদেবেশ চানন্দসারমঙ্গলম্ । যঃ পঠেদতিভক্ত্যা চ জীবন্মুক্তো ভবেদ্ ধ্রুবম্ ॥ ৮৪-৫৩॥ চতুর্বিধা মুক্তিমালা তদগলে সংস্থিরা ধ্রুবম্ । ভবন্তি যোগমুখ্যানাং গুরুর্বেদান্তপারগঃ ॥ ৮৪-৫৪॥ সর্বশাস্ত্রার্থবেত্তা স্যাদ্ যামলার্থজ্ঞ ঈশ্বরঃ । শান্তিং বিদ্যাং প্রতিষ্ঠাঞ্চ নিবৃত্তিং প্রাপ্য নির্মলঃ ॥ ৮৪-৫৫॥ যোগাত্মা চেশ্বরত্বং হি প্রাপ্নোতি নাত্র সংশয়ঃ । কুজে বা শনিবারে বা সঙ্ক্রান্ত্যাং রবিবাসরে ॥ ৮৪-৫৬॥ অমাবাস্যাসু রিক্তায়াং ধারয়েৎ কবচং শুভম্ । পুরুষো দক্ষিণে হস্তে বামা বামভুজে তথা ॥ ৮৪-৫৭॥ সর্বসিদ্ধিমবাপ্নোতি যদ্যন্মনসি বর্ততে । গোরোচনাকুঙ্কুমেন চালক্তেন বিলিখ্য চ ॥ ৮৪-৫৮॥ অবশ্যং সিদ্ধিমাপ্নোতি হাকিনীযোগজাপতঃ ॥ ৮৪-৫৯॥ ইতি শ্রীরুদ্রযামলে উত্তরতন্ত্রে মহাতন্ত্রোদ্দীপনে সিদ্ধমন্ত্রপ্রকরণে ভৈরবীভৈরবসংবাদে হাকিনীকবচং নাম চতুরশীতিতমঃ পটলঃ ॥ ৮৪॥

শ্রীত্রৈলোক্যবিজয়া অপরাজিতাস্তোত্রম্

অপরাজিতাস্তোত্রম্

শ্রীত্রৈলোক্যবিজয়া অপরাজিতাস্তোত্রম্ । ওঁ নমোহপরাজিতায়ৈ । ওঁ অস্যা বৈষ্ণব্যাঃ পরায়া অজিতায়া মহাবিদ্যায়াঃ বামদেব-বৃহস্পতি-মার্কণ্ডেয়া ঋষয়ঃ । গায়ত্র্যষ্টিগনুষ্টুব্বৃহতী ছন্দাংসি । লক্ষ্মীনৃসিংহো দেবতা । ওঁ ক্লীং শ্রীং হ্রীং বীজম্ । হুং শক্তিঃ । সকলকামনাসিদ্ধ্যর্থং অপরাজিতবিদ্যামন্ত্রপাঠে বিনিয়োগঃ । ওঁ নীলোৎপলদলশ্যামাং ভুজঙ্গাভরণান্বিতাম্ । শুদ্ধস্ফটিকসঙ্কাশাং চন্দ্রকোটিনিভাননাম্ ॥ ১॥ শঙ্খচক্রধরাং দেবী বৈষ্ণবীমপরাজিতাম্ বালেন্দুশেখরাং দেবীং বরদাভয়দায়িনীম্ ॥ ২॥ নমস্কৃত্য পপাঠৈনাং মার্কণ্ডেয়ো মহাতপাঃ ॥ ৩॥ মার্কণ্ডেয় উবাচ - শৃণুধ্বং মুনয়ঃ সর্বে সর্বকামার্থসিদ্ধিদাম্ । অসিদ্ধসাধনীং দেবীং বৈষ্ণবীমপরাজিতাম্ ॥ ৪॥ ওঁ নমো নারায়ণায়, নমো ভগবতে বাসুদেবায়, নমোহস্ত্বনন্তায় সহস্রশীর্ষায়ণে, ক্ষীরোদার্ণবশায়িনে, শেষভোগপর্য্যঙ্কায়, গরুডবাহনায়, অমোঘায় অজায় অজিতায় পীতবাসসে, ওঁ বাসুদেব সঙ্কর্ষণ প্রদ্যুম্ন, অনিরুদ্ধ, হয়গ্রীব, মৎস্য কূর্ম্ম, বারাহ

নৃসিংহ, অচ্যুত, বামন, ত্রিবিক্রম, শ্রীধর রাম রাম রাম । বরদ, বরদ, বরদো ভব, নমোহস্তু তে, নমোহস্তুতে, স্বাহা, ওঁ অসুর-দৈত্য-যক্ষ-রাক্ষস-ভূত-প্রেত-পিশাচ-কূষ্মাণ্ড-সিদ্ধ-যোগিনী-ডাকিনী-শাকিনী-স্কন্দগ্রহান্ উপগ্রহান্নক্ষত্রগ্রহাংশ্চান্য হন হন পচ পচ মথ মথ বিধ্বংসয় বিধ্বংসয় বিদ্রাবয় বিদ্রাবয় চূর্ণয় চূর্ণয় শঙ্খেন চক্রেণ বজ্রেণ শূলেন গদয়া মুসলেন হলেন ভস্মীকুরু কুরু স্বাহা । ওঁ সহস্রবাহো সহস্রপ্রহরণায়ুধ, জয় জয়, বিজয় বিজয়, অজিত, অমিত, অপরাজিত, অপ্রতিহত, সহস্রনেত্র, জ্বল জ্বল, প্রজ্বল প্রজ্বল, বিশ্বরূপ বহুরূপ, মধুসূদন, মহাবরাহ, মহাপুরুষ, বৈকুণ্ঠ, নারায়ণ, পদ্মনাভ, গোবিন্দ, দামোদর, হৃষীকেশ, কেশব, সর্বাসুরোৎসাদন, সর্বভূতবশঙ্কর, সর্বদুঃস্বপ্নপ্রভেদন, সর্বযন্ত্রপ্রভঞ্জন, সর্বনাগবিমর্দন, সর্বদেবমহেশ্বর, সর্ববন্ধবিমোক্ষণ,সর্বাহিতপ্রমর্দন, সর্বজ্বরপ্রণাশন, সর্বগ্রহনিবারণ, সর্বপাপপ্রশমন, জনার্দন, নমোহস্তুতে স্বাহা । বিষ্ণোরিয়মনুপ্রোক্তা সর্বকামফলপ্রদা । সর্বসৌভাগ্যজননী সর্বভীতিবিনাশিনী ॥ ৫॥ সর্বৈংশ্চ পঠিতাং সিদ্ধির্বিষ্ণোঃ পরমবল্লভা । নানয়া সদৃশং কিঙ্চিদ্দুষ্টানাং নাশনং পরম্ ॥ ৬॥ বিদ্যা রহস্যা কথিতা বৈষ্ণব্যেষাপরাজিতা । পঠনীয়া প্রশস্তা বা সাক্ষাৎসত্ত্বগুণাশ্রয়া ॥ ৭॥ ওঁ শুক্লাম্বরধরং বিষ্ণুং শশিবর্ণং চতুর্ভুজম্ । প্রসন্নবদনং ধ্যায়েৎসর্ববিঘ্নোপশান্তয়ে ॥ ৮॥ অথাতঃ সম্প্রবক্ষ্যামি হ্যভয়ামপরাজিতাম্ । যা শক্তির্মামকী বৎস রজোগুণময়ী মতা ॥ ৯॥ সর্বসত্ত্বময়ী সাক্ষাৎসর্বমন্ত্রময়ী চ যা । যা স্মৃতা পূজিতা জপ্তা ন্যস্তা কর্মণি যোজিতা । সর্বকামদুঘা বৎস

শৃণুষ্বৈতাং ব্রবীমি তে ॥ ১০॥ য ইমামপরাজিতাং পরমবৈষ্ণবীমপ্রতিহতাং পঠতি সিদ্ধাং স্মরতি সিদ্ধাং মহাবিদ্যাং জপতি পঠতি শৃণোতি স্মরতি ধারয়তি কীর্তয়তি বা ন তস্যাগ্নিবায়ুবজ্রোপলাশনিবর্ষভয়ং, ন সমুদ্রভয়ং, ন গ্রহভয়ং, ন চৌরভয়ং, ন শত্রুভয়ং, ন শাপভয়ং বা ভবেৎ। কুচিদ্রাত্র্যন্ধকারস্ত্রীরাজকুলবিদ্বেষি-বিষগরগরদবশীকরণ- বিদ্বেষোচ্চাটনবধবন্ধনভয়ং বা ন ভবেৎ। এতৈর্মন্ত্রৈরুদাহ্নতৈঃ সিদ্ধৈঃ সংসিদ্ধপূজিতৈঃ। ওঁ নমোহস্তুতে। অভয়ে, অনঘে, অজিতে, অমিতে, অমৃতে, অপরে, অপরাজিতে, পঠতি, সিদ্ধে জয়তি সিদ্ধে, স্মরতি সিদ্ধে, একোনাশীতিতমে, একাকিনি, নিশ্চেতসি, সুদ্রুমে, সুগন্ধে, একান্নশে, উমে ধ্রুবে, অরুন্ধতি, গায়ত্রি, সাবিত্রি, জাতবেদসি, মানস্তোকে, সরস্বতি, ধরণি, ধারণি, সৌদামনি, অদিতি, দিতি, বিনতে, গৌরি, গান্ধারি, মাতঙ্গী কৃষ্ণে, যশোদে, সত্যবাদিনি, ব্রহ্মবাদিনি, কালি, কপালিনি, করালনেত্রে, ভদ্রে, নিদ্রে, সত্যোপয়াচনকরি, স্থলগতং জলগতং অন্তরিক্ষগতং বা মাং রক্ষ সর্বোপদ্রবেভ্যঃ স্বাহা। যস্যাঃ প্রণশ্যতে পুষ্পং গর্ভো বা পততে যদি। ম্রিয়তে বালকো যস্যাঃ কাকবন্ধ্যা চ যা ভবেৎ ॥ ১১॥ ধারয়েদ্যা ইমাং বিদ্যামেতৈর্দোষৈর্ন লিপ্যতে। গর্ভিণী জীববৎসা স্যাৎপুত্রিণী স্যান্ন সংশয়ঃ ॥ ১২॥ ভূর্জপত্রে ত্বিমাং বিদ্যাং লিখিত্বা গন্ধচন্দনৈঃ। এতৈর্দোষৈর্ন লিপ্যেত সুভগা পুত্রিণী ভবেৎ ॥ ১৩॥ রণে রাজকুলে দ্যূতে নিত্যং তস্য জয়ো ভবেৎ। শস্ত্রং বারয়তে হ্যেষা সমরে কাণ্ডদারুণে ॥ ১৪॥ গুল্মশূলাক্ষিরোগাণাং ক্ষিপ্রং নাশ্যতি চ ব্যথাম্ ॥ শিরোরোগজ্বরাণাং ন নাশিনী সর্বদেহিনাম্ ॥ ১৫॥ ইত্যেষা কথিতা বিদ্যা

অভয়াখ্যাৎপরাজিতা । এতস্যাঃ স্মৃতিমাত্রেণ ভয়ং ক্বাপি ন জায়তে ॥ ১৬॥ নোপসর্গা ন রোগাশ্চ ন যোধা নাপি তস্করাঃ । ন রাজানো ন সর্পাশ্চ ন দ্বেষ্টারো ন শত্রবঃ ॥১৭॥ যক্ষরাক্ষসবেতালা ন শাকিন্যো ন চ গ্রহাঃ । অগ্নের্ভয়ং ন বাতাচ্চ ন সমুদ্রান্ন বৈ বিষাৎ ॥ ১৮॥ কার্মণং বা শত্রুকৃতং বশীকরণমেব চ । উচ্চাটনং স্তম্ভনং চ বিদ্বেষণমথাপি বা ॥ ১৯॥ ন কিঞ্চিৎপ্রভবেত্তত্র যত্রৈষা বর্তেতেহভয়া । পঠেদ্ বা যদি বা চিত্রে পুস্তকে বা মুখেহথবা ॥ ২০॥ হৃদি বা দ্বারদেশে বা বর্ততে হ্যভয়ঃ পুমান্ । হৃদয়ে বিন্যসেদেতাং ধ্যায়েদ্দেবীং চতুর্ভুজাম্ ॥ ২১॥ রক্তমাল্যাম্বরধরাং পদ্মরাগসমপ্রভাম্ । পাশাঙ্কুশাভয়বরৈরলঙ্কৃতসুবিগ্রহাম্ ॥ ২২॥ সাধকেভ্যঃ প্রয়চ্ছন্তীং মন্ত্রবর্ণামৃতান্যপি । নাতঃ পরতরং কিঞ্চিদ্বশীকরণমনুত্তমম্ ॥ ২৩॥ রক্ষণং পাবনং চাপি নাত্র কার্যা বিচারণা । প্রাতঃ কুমারিকাঃ পূজ্যাঃ খাদ্যৈরাভরণৈরপি । তদিদং বাচনীয়ং স্যাত্তৎপ্রীত্যা প্রীয়তে তু মাম্ ॥ ২৪॥ ওঁ অথাতঃ সম্প্রবক্ষ্যামি বিদ্যামপি মহাবলাম্ । সর্বদুষ্টপ্রশমনীং সর্বশত্রুক্ষয়ঙ্করীম্ ॥ ২৫॥ দারিদ্র্যদুঃখশমনীং দৌর্ভাগ্যব্যাধিনাশিনীম্ । ভূতপ্রেতপিশাচানাং যক্ষগন্ধর্বরক্ষসাম্ ॥ ২৬॥ ডাকিনী শাকিনী-স্কন্দ-কৃষ্মাণ্ডানাং চ নাশিনীম্ । মহারৌদ্রিং মহাশক্তিং সদ্যঃ প্রত্যয়কারিণীম্ ॥ ২৭॥ গোপনীয়ং প্রয়ত্নেন সর্বস্বং পার্বতীপতেঃ । তামহং তে প্রবক্ষ্যামি সাবধানমনাঃ শৃণু ॥ ২৮॥ একান্হিকং দ্ব্যন্হিকং চ চাতুর্থিকার্দ্ধমাসিকম্ । দ্বৈমাসিকং ত্রৈমাসিকং তথা চাতুর্মাসিকম্ ॥ ২৯॥ পাঞ্চমাসিকং ষাম্মাসিকং বাতিক পৈত্তিকজ্বরম্ । শ্লৈষ্পিকং সান্ত্রিপাতিকং তথৈব

সততজ্বরম্ ॥ ৩০॥ মৌহূর্তিকং পৈত্তিকং শীতজ্বরং বিষমজ্বরম্ । দ্ব্যহিন্কং ত্র্যহিকং চৈব জ্বরমেকাহিকং তথা । ক্ষিপ্রং নাশয়েতে নিত্যং স্মরণাদপরাজিতা ॥ ৩১॥ ওঁ হূং হন হন, কালি শর শর, গৌরি ধম্, ধম্, বিদ্যে আলে তালে মালে গন্ধে বন্ধে পচ পচ বিদ্যে নাশয় নাশয় পাপং হর হর সংহারয় বা দুঃখস্বপ্নবিনাশিনি কমলস্থিতে বিনায়কমাতঃ রজনি সন্ধ্যে, দুন্দুভিনাদে, মানসবেগে, শঙ্খিনি, চক্রিণি গদিনি বজ্রিণি শূলিনি অপমৃত্যুবিনাশিনি বিশ্বেশ্বরি দ্রবিডি দ্রাবিডি দ্রবিণি দ্রাবিণি কেশবদয়িতে পশুপতিসহিতে দুন্দুভিদমনি দুর্ম্মদদমনি । শবরি কিরাতি মাতঙ্গি ওঁ দ্রং দ্রং জ্রং জ্রং ক্রং ক্রং তুরু তুরু ওঁ দ্রং কুরু কুরু । যে মাং দ্বিষন্তি প্রত্যক্ষং পরোক্ষং বা তান্ সর্বান্ দম দম মর্দয় মর্দয় তাপয় তাপয় গোপয় গোপয় পাতয় পাতয় শোষয় শোষয় উৎসাদয় উৎসাদয় ব্রহ্মাণি বৈষ্ণবি মাহেশ্বরি কৌমারি বারাহি নারসিংহি ঐন্দ্রি চামুণ্ডে মহালক্ষ্মি বৈনায়িকি ঔপেন্দ্রি আগ্নেয়ি চণ্ডি নৈরৃতি বায়ব্যে সৌম্যে ঐশানি ঊর্ধ্বমধোরক্ষ প্রচণ্ডবিদ্যে ইন্দ্রোপেন্দ্রভগিনি । ওঁ নমো দেবি জয়ে বিজয়ে শান্তি স্বস্তি-তুষ্টি পুষ্টি- বিবর্দ্ধিনি । কামাঙ্কুশে কামদুঘে সর্বকামবরপ্রদে । সর্বভূতেষু মাং প্রিয়ং কুরু কুরু স্বাহা । আকর্ষণি আবেশনি-, জ্বালামালিনি-, রমণি রামণি, ধরণি ধারিণি, তপনি তাপিনি, মদনি মাদিনি, শোষণি সম্মোহিনি । নীলপতাকে মহানীলে মহাগৌরি মহাশ্রিয়ে । মহাচান্দ্রি মহাসৌরি মহামায়ূরি আদিত্যরশ্মি জাহ্নবি । যমঘণ্টে কিণি কিণি চিন্তামণি । সুগন্ধে সুরভে সুরাসুরোৎপন্নে সর্বকামদুঘে । যদ্যথা মনীষিতং কার্যং তন্মম সিদ্ধ্যতু স্বাহা । ওঁ স্বাহা । ওঁ ভূঃ স্বাহা । ওঁ ভুবঃ স্বাহা । ওঁ স্বঃ স্বহা ।

ওঁ মহঃ স্বাহা । ওঁ জনঃ স্বাহা । ওঁ তপঃ স্বাহা । ওঁ সত্যং স্বাহা । ওঁ ভূর্ভুবঃ স্বঃ স্বাহা । যত এবাগতং পাপং তত্রৈব প্রতিগচ্ছতু স্বাহেত্যোম্ । অমোঘেষা মহাবিদ্যা বৈষ্ণবী চাপরাজিতা ॥ ৩২॥ স্বয়ং বিষ্ণুপ্রণীতা চ সিদ্ধেয়ং পাঠতঃ সদা । এষা মহাবলা নাম কথিতা তেঽপরাজিতা ॥ ৩৩॥ নান্যয়া সদৃশী রক্ষা। ত্রিষু লোকেষু বিদ্যতে । তমোগুণময়ী সাক্ষদ্রৌদ্রী শক্তিরিয়ং মতা ॥ ৩৪॥ কৃতান্তোঽপি যতো ভীতঃ পাদমূলে ব্যবস্থিতঃ । মূলাধারে ন্যসেদেতাং রাত্রাবেনং চ সংস্মরেৎ ॥ ৩৫॥ নীলজীমূতসঙ্কাশাং তড়িৎকপিলকেশিকাম্ । উদ্যদাদিত্যসঙ্কাশাং নেত্রত্রয়বিরাজিতাম্ ॥ ৩৬॥ শক্তিং ত্রিশূলং শঙ্খং চ পানপাত্রং চ বিভ্রতীম্ । ব্যাঘ্রচর্মপরীধানাং কিঙ্কিণীজালমণ্ডিতাম্ ॥ ৩৭॥ ধাবন্তীং গগনস্যান্তঃ পাদুকাহিতপাদকাম্ । দংষ্ট্রাকরালবদনাং ব্যালকুণ্ডলভূষিতাম্ ॥ ৩৮॥ ব্যাত্তবক্ত্রাং ললজ্জিহ্বাং ভ্রূকুটীকুটিলালকাম্ । স্বভক্তদ্বেষিণাং রক্তং পিবন্তীং পানপাত্রতঃ ॥ ৩৯॥ সপ্তধাতূন্ শোষয়ন্তীং ক্রূরদৃষ্ট্যা বিলোকনাৎ । ত্রিশূলেন চ তজ্জিহ্বাং কীলয়ন্তীং মুহুর্মুহুঃ ॥ ৪০॥ পাশেন বদ্ধা তং সাধমানবন্তীং তদন্তিকে । অর্দ্ধরাত্রস্য সময়ে দেবীং ধায়েন্মহাবলাম্ ॥ ৪১॥ যস্য যস্য বদেন্নাম জপেন্মন্ত্রং নিশান্তকে । তস্য তস্য তথাবস্থাং কুরুতে সাপি যোগিনী ॥ ৪২॥ ওঁ বলে মহাবলে অসিদ্ধসাধনী স্বাহেতি । অমোঘাং পঠতি সিদ্ধাং শ্রীবৈষ্ণবীম্ ॥ ৪৩॥ শ্রীমদপরাজিতাবিদ্যাং ধ্যায়েৎ । দুঃস্বপ্নে দুরারিষ্টে চ দুর্নিমিত্তে তথৈব চ । ব্যবহারে ভবেৎসিদ্ধিঃ পঠেদ্বিঘ্নোপশান্তয়ে ॥ ৪৪॥ যদত্র পাঠে জগদম্বিকে ময়া বিসর্গবিন্দ্বক্ষরহীনমীডিতম্ । তদন্ত

সম্পূর্ণতমং প্রয়ান্তু মে সঙ্কল্পসিদ্ধিস্তু সদৈব জায়তাম্ ॥ ৪৫॥ তব তত্ত্বং ন জানামি কীদৃশাসি মহেশ্বরি । যাদৃশাসি মহাদেবী তাদৃশায়ৈ নমো নমঃ ॥ ৪৬॥ ইস স্তোত্র কা বিধিবত পাঠ করনে সে সব প্রকার কে রোগ তথা সব প্রকার কে শত্রু ঔর সব বন্ধ্যা দোষ নষ্ট হোতা হৈ । বিশেষ রূপ সে মুকদমেং মেং সফলতা ঔর রাজকীয় কার্যোং মেং অপরাজিত রহনে কে লিয়ে যহ পাঠ রামবাণ হৈ ।

অর্গলাস্তোত্রম্

অর্গলাস্তোত্রম্

॥ শ্রী॥ শ্রীচণ্ডিকাধ্যানম্ ওঁ বন্ধূককুসুমাভাসাং পঞ্চমুণ্ডাধিবাসিনীম্ । স্ফুরচ্চন্দ্রকলারত্নমুকুটাং মুণ্ডমালিনীম্ ॥ ত্রিনেত্রাং রক্তবসনাং পীনোন্নতঘটস্তনীম্ । পুস্তকং চাক্ষমালাং চ বরং চাভয়কং ক্রমাৎ ॥ দধতীং সংস্মরেন্নিত্যমুত্তরাম্নায়মানিতাম্ । অথবা যা চণ্ডী মধুকৈটভাদিদৈত্যদলনী যা মাহিষোন্মূলিনী যা ধূম্রেক্ষণচণ্ডমুণ্ডমথনী যা রক্তবীজাশনী । শক্তিঃ শুম্ভনিশুম্ভদৈত্যদলনী যা সিদ্ধিদাত্রী পরা সা দেবী নবকোটিমূর্তিসহিতা মাং পাতু বিশ্বেশ্বরী ॥ অথ অর্গলাস্তোত্রম্ ওঁ অস্য শ্রীঅর্গলাস্তোত্রমন্ত্রস্য বিষ্ণুর্ঋষিঃ, অনুষ্টুপ্ ছন্দঃ, শ্রীমহালক্ষ্মীর্দেবতা, শ্রীজগদদ্ধাপ্রীতয়ে সপ্তশতিপাঠাঙ্গত্বেন জপে বিনিয়োগঃ । ওঁ নমশ্চণ্ডিকায়ৈ মার্কণ্ডেয় উবাচ । ওঁ জয় ত্বং দেবি চামুণ্ডে জয় ভূতাপহারিণি । জয় সর্বগতে দেবি কালরাত্রি নমোহস্তু তে ॥ ১॥ জয়ন্তী মঙ্গলা কালী ভদ্রকালী কপালিনী । দুর্গা শিবা ক্ষমা ধাত্রী স্বাহা স্বধা নমোহস্তু তে ॥ ২॥ মধুকৈটভবিধ্বংসি বিধাতৃবরদে নমঃ । রূপং দেহি জয়ং দেহি যশো দেহি দ্বিষো জহি ॥ ৩॥ মহিষাসুরনির্নাশি ভক্তানাং সুখদে নমঃ । রূপং দেহি জয়ং দেহি যশো দেহি দ্বিষো জহি ॥ ৪॥ ধূম্রনেত্রবধে দেবি ধর্মকামার্থদায়িনি । রূপং দেহি জয়ং দেহি যশো দেহি দ্বিষো জহি ॥ ৫॥ রক্তবীজবধে দেবি চণ্ডমুণ্ডবিনাশিনি । রূপং দেহি জয়ং দেহি যশো দেহি দ্বিষো জহি ॥ ৬॥ নিশুম্ভশুম্ভনির্নাশি ত্রিলোক্যশুভদে নমঃ । রূপং দেহি জয়ং দেহি যশো দেহি দ্বিষো জহি ॥ ৭॥ বন্দিতাঙ্ঘ্রিয়ুগে দেবি সর্বসৌভাগ্যদায়িনি । রূপং দেহি জয়ং দেহি যশো দেহি

দ্বিষো জহি ॥ ৮॥ অচিন্ত্যরূপচরিতে সর্বশত্রুবিনাশিনি । রূপং দেহি জয়ং দেহি যশো দেহি দ্বিষো জহি ॥ ৯॥ নতেভ্যঃ সর্বদা ভক্ত্যা চাপর্ণে দুরিতাপহে । রূপং দেহি জয়ং দেহি যশো দেহি দ্বিষো জহি ॥ ১০॥ স্তুবদ্ভ্যো ভক্তিপূর্বং ত্বাং চণ্ডিকে ব্যাধিনাশিনি । রূপং দেহি জয়ং দেহি যশো দেহি দ্বিষো জহি ॥ ১১॥ চণ্ডিকে সততং যুদ্ধে জয়ন্তি পাপনাশিনি । রূপং দেহি জয়ং দেহি যশো দেহি দ্বিষো জহি ॥ ১২॥ দেহি সৌভাগ্যমারোগ্যং দেহি দেবি পরং সুখম্ । রূপং দেহি জয়ং দেহি যশো দেহি দ্বিষো জহি ॥ ১৩॥ বিধেহি দেবি কল্যাণং বিধেহি বিপুলাং শ্রিয়ম্ । রূপং দেহি জয়ং দেহি যশো দেহি দ্বিষো জহি ॥ ১৪॥ বিধেহি দ্বিষতাং নাশং বিধেহি বলমুচ্চকৈঃ । রূপং দেহি জয়ং দেহি যশো দেহি দ্বিষো জহি ॥ ১৫॥ সুরাসুরশিরোরত্ননিঘৃষ্টচরণেঽম্বিকে । রূপং দেহি জয়ং দেহি যশো দেহি দ্বিষো জহি ॥ ১৬॥ বিদ্যাবন্তং যশস্বন্তং লক্ষ্মীবন্তঞ্চ মাং কুরু । রূপং দেহি জয়ং দেহি যশো দেহি দ্বিষো জহি ॥ ১৭॥ দেবি প্রচণ্ডদোর্দণ্ডদৈত্যদপনিষূদিনি । রূপং দেহি জয়ং দেহি যশো দেহি দ্বিষো জহি ॥ ১৮॥ প্রচণ্ডদৈত্যদর্পঘ্নে চণ্ডিকে প্রণতায় মে । রূপং দেহি জয়ং দেহি যশো দেহি দ্বিষো জহি ॥ ১৯॥ চতুর্ভুজে চতুর্বক্ত্রসংস্তুতে পরমেশ্বরি । রূপং দেহি জয়ং দেহি যশো দেহি দ্বিষো জহি ॥ ২০॥ কৃষ্ণেন সংস্তুতে দেবি শশ্বদ্ভক্ত্যা সদাম্বিকে । রূপং দেহি জয়ং দেহি যশো দেহি দ্বিষো জহি ॥ ২১॥ হিমাচলসুতানাথসংস্তুতে পরমেশ্বরি । রূপং দেহি জয়ং দেহি যশো দেহি দ্বিষো জহি ॥ ২২॥ ইন্দ্রাণীপতিসদ্ভাবপূজিতে পরমেশ্বরি । রূপং দেহি জয়ং দেহি যশো দেহি দ্বিষো জহি ॥ ২৩॥ দেবি

ভক্তজনোদ্দামদত্তানন্দোদয়েহম্বিকে । রূপং দেহি জয়ং দেহি যশো দেহি দ্বিষো জহি ॥ ২৪॥ ভার্য্যাং মনোরমাং দেহি মনোবৃত্তানুসারিণীম্ । রূপং দেহি জয়ং দেহি যশো দেহি দ্বিষো জহি ॥ ২৫॥ তারিণি দুর্গসংসারসাগরস্যাচলোদ্ভবে । রূপং দেহি জয়ং দেহি যশো দেহি দ্বিষো জহি ॥ ২৬॥ ইদং স্তোত্রং পঠিত্বা তু মহাস্তোত্রং পঠেন্নরঃ । সপ্তশতীং সমারাধ্য বরমাপ্নোতি দুর্লভম্ ॥ ২৭॥ ॥ ইতি শ্রীমার্কণ্ডেয়পুরাণে অর্গলাস্তোত্রং সমাপ্তম্ ॥

কুঞ্জিকাস্তোত্রম্ অথবা সিদ্ধকুঞ্জিকাস্তোত্রম্

কুঞ্জিকাস্তোত্রম্ অথবা সিদ্ধকুঞ্জিকাস্তোত্রম্

শ্রী গণেশায় নমঃ । ওঁ অস্য শ্রীকুঞ্জিকাস্তোত্রমন্ত্রস্য সদাশিব ঋষিঃ, অনুষ্টুপ্ ছন্দঃ, শ্রীত্রিগুণাত্মিকা দেবতা, ওঁ ঐং বীজং, ওঁ হ্রীং শক্তিঃ, ওঁ ক্লীং কীলকম্, মম সর্বাভীষ্টসিদ্ধ্যর্থে জপে বিনিয়োগঃ । শিব উবাচ । শৃণু দেবি প্রবক্ষ্যামি কুঞ্জিকাস্তোত্রমুত্তমম্ । যেন মন্ত্রপ্রভাবেণ চণ্ডীজাপঃ শুভো ভবেৎ ॥ ১॥ ন কবচং নার্গলাস্তোত্রং কীলকং ন রহস্যকম্ । ন সূক্তং নাপি ধ্যানং চ ন ন্যাসো ন চ বার্চনম্ ॥ ২॥ কুঞ্জিকাপাঠমাত্রেণ দুর্গাপাঠফলং লভেৎ । অতি গুহ্যতরং দেবি দেবানামপি দুর্লভম্ ॥ ৩॥ গোপনীয়ং প্রয়ত্নেন স্বয়োনিরিব পার্বতি । মারণং মোহনং বশ্যং স্তম্ভনোচ্চাটনাদিকম্ । পাঠমাত্রেণ সংসিদ্ধ্যেৎ কুঞ্জিকাস্তোত্রমুত্তমম্ ॥ ৪॥ অথ মন্ত্রঃ । ওঁ ঐং হ্রীং ক্লীং চামুণ্ডায়ে বিচ্চে । ওঁ গ্লৌং হুং ক্লীং জূং সঃ জ্বালয় জ্বালয় জ্বল জ্বল প্রজ্বল প্রজ্বল ঐং হ্রীং ক্লীং চামুণ্ডায়ে বিচ্চে জ্বল হং সং লং ক্ষং ফট্ স্বাহা ॥ ৫॥ ইতি মংত্রঃ । var শ্রীঁ শ্রীঁ শ্রীঁ শং ফট্ ঐং হ্রীং ক্লীং জ্বল উজ্জ্বল প্রজ্বল হ্রীং হ্রীং

ক্লীং স্রাবয় স্রাবয় শাপং নাশয় নাশয় শ্রীং শ্রীং শ্রীং জৃং সঃ স্রাবয় আদয় স্বাহা । ওঁ শ্রীং হূঁ ক্লীং গ্লাং জৃং সঃ জ্বল উজ্জ্বল মন্ত্রং প্রজ্বল হং সং লং ক্ষং ফট্ স্বাহা । নমস্তে রুদ্ররূপিণ্যৈ নমস্তে মধুমর্দিনি । নমঃ কৈটভহারিণ্যৈ নমস্তে মহিষার্দিনি ॥ ৬॥ নমস্তে শুম্ভহন্ত্র্যৈ চ নিশুম্ভাসুরঘাতিনি । জাগ্রতং হি মহাদেবি জপং সিদ্ধং কুরুষ্ব মে ॥ ৭॥ ঐঙ্কারী সৃষ্টিরূপায়ৈ হ্রীঙ্কারী প্রতিপালিকা । ক্লীঙ্কারী কামরূপিণ্যৈ বীজরূপে নমোহস্তু তে ॥ ৮॥ চামুণ্ডা চণ্ডঘাতী চ যৈকারী বরদায়িনী । বিচ্চে চাভয়দা নিত্যং নমস্তে মন্ত্ররূপিণি ॥ ৯॥ ধাং ধীং ধূং ধূর্জটেঃ পত্নী বাং বীং বূং বাগধীশ্বরী । ক্রাং ক্রীং ক্রূং কুঞ্জিকা দেবি শাং শীং শূং মে শুভং কুরু ॥ ১০॥ var কালিকা দেবি হুং হুং হুঙ্কাররূপিণ্যৈ জং জং জং জম্ভনাদিনী । var জ্রাং জ্রীং জ্রূং ভালনাদিনী । ভ্রাং ভ্রীং ভ্রূং ভৈরবী ভদ্রে ভবান্যৈ তে নমো নমঃ ॥ ১১॥ অং কং চং টং তং পং যং শং বীং দুং ঐং বীং হং ক্ষং । ধিজাগ্রম্ ধিজাগ্রং ত্রোটয় ত্রোটয় দীপ্তং কুরু কুরু স্বাহা ॥ ১২॥ var ওঁ অং কং চং টং তং পং সাং বিদুরাং বিদুরাং বিমর্দয় বিমর্দয় হ্রীং ক্ষাং ক্ষীং শ্রীং জীবয় জীবয় ত্রোটয় ত্রোটয় জম্ভয় জংভয় দীপয় দীপয় মোচয় মোচয় হুং ফট্ জ্রাং বৌষট্ ঐং হ্রীং ক্লীং রঞ্জয় রঞ্জয় সঞ্জয় সঞ্জয় গুঞ্জয় গুঞ্জয় বন্ধয় বন্ধয় ভ্রাং ভ্রীং ভ্রূং ভৈরবী ভদ্রে সঙ্কুচ সঙ্কুচ ত্রোটয় ত্রোটয় শ্রীং স্বাহা ॥ ১২॥ পাং পীং পূং পার্বতী পূর্ণা খাং খীং খূং খেচরী তথা । স্লাং স্লীং স্লূং মূলবিস্তীর্ণা কুঞ্জিকান্তোত্র হেতবে । সাং সীং সূং সপ্তশতী দেব্যা মংত্রসিদ্ধিং কুরুষ্ব মে ॥ ১৩॥ কুঞ্জিকায়ৈ নমো নমঃ । ইদং তু কুঞ্জিকান্তোত্রং মন্ত্রজাগর্তিহেতবে । অভক্তে নৈব দাতব্যং গোপিতং রক্ষ

পার্বতি ॥ ১৪॥ যস্তু কুঞ্জিকয়া দেবি হীনাং সপ্তশতীং পঠেৎ । ন তস্য জায়তে সিদ্ধিররণ্যে রোদনং যথা ॥ ১৫॥ । ইতি শ্রীরুদ্রয়ামলে গৌরীতন্ত্রে শিবপার্বতীসংবাদে কুঞ্জিকাস্তোত্রং সম্পূর্ণম্ । var ইতি শ্রী ডামরতন্ত্রে ঈশ্বরপার্বতীসংবাদে কুঞ্জিকাস্তোত্রং সম্পূর্ণম্ ।

শ্রীকৃষ্ণস্তোত্রম্ রাধাকৃতম্

শ্রীকৃষ্ণস্তোত্রম্ রাধাকৃতম্

গোলোকনাথ গোপীশ মদীশ প্রাণবল্লভ । হে দীনবন্ধো দীনেশ সর্বেশ্বর নমোহস্তু তে ॥ ১॥ গোপেশ গোসমূহেশ যশোদাইনন্দবর্ধন । নন্দাত্মজ সদানন্দ নিত্যানন্দ নমোহস্তু তে ॥ ২॥ শতমন্যোর্ভবম্মন্যো ব্রহ্মাদর্পবিনাশক । কালীয়দমন প্রাণনাথ কৃষ্ণ নমোহস্তু তে ॥ ৩॥ শিবানন্তেশ ব্রহ্মেশ ব্রাহ্মণেশ পরাৎপর । ব্রহ্মস্বরূপ ব্রহ্মজ্ঞ ব্রহ্মবীজ নমোহস্তু তে ॥ ৪॥ চরাচরতরোর্বীজ গুণাতীত গুণাত্মক । গুণবীজ গুণাধার গুণেশ্বর নমোহস্তু তে ॥ ৫॥ অণিমাদিকসিদ্ধীশ সিদ্ধেঃ সিদ্ধিস্বরূপক । তপস্তপশ্বিংস্তপসাং বীজরূপ নমোহস্তু তে ॥ ৬॥ যদনির্বচনীয়ং চ বস্তু নির্বচনীয়কম্ । তৎস্বরূপ তয়োর্বীজ সর্ববীজ নমোহস্তু তে ॥ ৭॥ অহং সরস্বতী লক্ষ্মীর্দুর্গা গঙ্গা শ্রুতিপ্রসূঃ । যস্য পাদার্চনান্নিত্যং পূজ্যাস্তস্মৈ নমো নমঃ ॥ ৮॥ স্পর্শনে যস্য ভৃত্যানাং ধ্যানে চাপি দিবানিশম্ । পবিত্রাণি চ তীর্থানি তস্মৈ ভগবতে নমঃ ॥ ৯॥ ইত্যেবমুক্ত্বা সা দেবী জলে সন্ন্যস্য বিগ্রহম্ । মনঃপ্রাণাংশ্চ শ্রীকৃষ্ণে তস্থৌ স্থাণুসমা সতী ॥ ১০॥

রাধাকৃতং হরেঃ স্তোত্রং ত্রিসন্ধ্যং যঃ পঠেন্নরঃ ।
হরিভক্তিং চ দাস্যং চ লভেদ্রাধাগতিং ধ্রুবম্ ॥ ১১॥
বিপত্তৌ যঃ পঠেদ্ভক্ত্যা সদ্যঃ সম্পত্তিমাপ্নুয়াৎ ।
চিরকালগতং দ্রব্যং হৃতং নষ্টং চ লভ্যতে ॥ ১২॥
বন্ধুবৃদ্ধিৰ্ভবেত্তস্য প্রসন্নং মানসং পরম্ । চিন্তাগ্রস্তঃ
পঠেদ্ভক্ত্যা পরাং নির্বৃতিমাপ্নুয়াৎ ॥ ১৩॥ পতিভেদে
পুত্রভেদে মিত্রভেদে চ সঙ্কটে । মাসং ভক্ত্যা যদি
পঠেৎসদ্যঃ সন্দর্শনং লভেৎ ॥ ১৪॥ ভক্ত্যা কুমারী
স্তোত্রং চ শৃণুয়াদ্বৎসরং যদি । শ্রীকৃষ্ণসদৃশং কান্তং
গুণবন্তং লভেদ্ধ্রুবম্ ॥ ১৫॥ ইতি শ্রীব্রহ্মবৈবর্তে
মহাপুরাণে   শ্রীকৃষ্ণজন্মখণ্ডে
গোপিকাবস্ত্রহরণপ্রস্তাবোনাম   সপ্তবিংশোঽধ্যায়ে
রাধাকৃতং শ্রীকৃষ্ণস্তোত্রং সম্পূর্ণম্ ।

শ্রীধূমাবতুচ্ছাটন মন্ত্রঃ

শ্রীধূমাবত্যুচ্চাটন মন্ত্রঃ

ধ্যানম্ - কাকারূঢাতিকৃষ্ণাভা ভিন্নদন্তা বিরাগিণী । মুক্তকেশী সুধূম্রাক্ষী ক্ষুত্তৃষার্তা ভয়াতুরা ॥ চঞ্চলা চাতি কামার্তা ক্লিষ্টা পুষ্টালসাঙ্গিকা । মলিনা শ্রমনী রক্তা ব্যক্তগর্ভাবিরোধিনী । ধৃতসর্পাগ্রহস্তা চ ধ্যেয়া ধূমাবতীপরা ॥ মন্নুঃ-- ওঁ ধূং ধূমাবতি দেবদত্তো ধাবতীতি স্বাহা । ঋষিঃ ক্ষপণকঃ গায়ত্রী ছন্দঃ ধূমাবতী দেবতা ধূং বীজং স্বাহাশক্তিঃ সমুচ্চাটে বিনিয়োগঃ- লক্ষং জপেত্মহেশানি জগদুচ্চাটনং চরেৎ । ইতি শ্রীধূমাবত্যুচ্চাটন মন্ত্রঃ ।

শ্রীশূলিনীকবচম্

শ্রীশূলিনীকবচম্

শ্রীশিবঃ উবাচ - অথ বক্ষ্যে মহাগুহ্যং কবচং সর্বসিদ্ধিদম্ । সমাহিতেন মনসা শৃণু কল্যাণি তাদৃশম্ ॥ ১॥ শূলিন্যাঃ কবচং দিব্যং জগদ্রক্ষণবর্ধনম্ । সর্বসিদ্ধিপ্রদং শ্রেষ্ঠং সর্বপাপপ্রণাশনম্ ॥ ২॥ সর্বমঙ্গলমাঙ্গল্যং সর্বৈশ্বর্যপ্রদায়কম্ । ব্রহ্মজ্ঞানপ্রদং হৃদ্যং ভীষণং জয়বর্ধনম্ ॥ ৩॥ সর্বরোগহরং শান্তং সর্বরক্ষাকরং পরম্ । কবচস্য ঋষির্দেব্যা মৃত্যুঞ্জয় উদাহৃতঃ ॥ ৪॥ উষ্ণিক্ ছন্দস্তথা দেবি দেবতা জগদম্বিকা । দুং কারং বীজমিত্যুক্তং স্বাহা শক্তিস্ততঃ পরম্ ॥ ৫॥ সর্বাভীষ্টার্থসিধ্যর্থে বিনিয়োগো বরাননে । মায়ার্ণেশ্চ করন্যাসং ষডঙ্গং প্রণবান্বিতম্ ॥ ৬॥ ওঁ অস্য শ্রী শূলিনীকবচস্য মৃত্যুঞ্জয় ঋষিঃ । উষ্ণিক্ ছন্দঃ । শ্রীজগদম্বিকা শূলিনী দেবতা । দুং বীজম্ । স্বাহা শক্তিঃ । সর্বাভীষ্টার্থসিদ্ধ্যর্থে (জপে) বিনিয়োগঃ ॥ ওঁ হ্রাং ওঁ শ্রীমিত্যাদিভিঃ করাঙ্গন্যাসাঃ ॥ ধ্যানম্ - তাপিঞ্ছস্নিগ্ধবর্ণাং দশশতবদনাং চন্দ্ররেখাবতংসাং হর্যক্ষস্কন্ধরূঢাং দ্বিদশশতভুজাং হাটবাসোবৃতাঙ্গীম্ । ধ্যায়েহহং

বৈরিলোকগ্রসনপরিণতা ক্রীডনালোলজিহ্বাং দেবীং ক্রুদ্ধাং সুমেধাং প্রণতভয়হরাং শিক্ষিতাশেষলোকাম্ ॥ জয়েশ্বর্যগ্রতঃ পাতু পৃষ্ঠতো বিজয়েশ্বরী । অজিতা বামতঃ পাতু দক্ষিণং মেহপরাজিতা ॥ ১॥ ব্রহ্মাণী পাতু কেশাগ্রং শিবা পাতু শিরো মম । অম্বিকা মেইলকং পাতু মুখং হৈমবতী তথা ॥ ২॥ ভবানী পাতু নাসাগ্রং ঘ্রাণং মাহেশ্বরী তথা । বারাহী নয়নং পাতু মানস্তোকা চ দক্ষিণম্ ॥ ৩॥ জিহ্বাং পাতু মহাবিদ্যা লম্বিকাগ্রং সরস্বতী । সত্যম্বিকা মমোর্ধ্বোষ্ঠিং লক্ষ্মীমেহর্ধরপল্লবম্ ॥ ৪॥ শ্রুত্যম্বা পাতু মে দন্তান্ কৌমারী চিবুকং তথা । জ্বালা (কণ্ঠং) ভীমস্বনা পাতু কপোলৌ মে (হ)ভয়ঙ্করী ॥ ৫॥ ইন্দ্রাণী পাতু মে কর্ণৌ ইন্দ্রনাথা হনূ মম । গ্রীবাপার্শ্বং মহাশক্তিঃ গ্রীবাং মে পরমেশ্বরী ॥ ৬॥ করালী দক্ষিণস্কন্ধং বৈষ্ণবী পাতু বামকম্ । শিবেশী দক্ষদোর্মূলং শিবদূতী চ বামকম্ ॥ ৭॥ অচ্যুতা দক্ষদোর্দণ্ডং অনন্তা পাতু বামকম্ । দক্ষকূর্পরমীশানী ত্রিশূলী পাতু বামকম্ ॥ ৮॥ জ্বালামুখী প্রকোষ্ঠং মে পাতু ভদ্রা চ বামকম্ । ভৈরবী মণিবন্ধং মে বামং পাতু মহেশ্বরী ॥ ৯॥ করপৃষ্ঠং তু বারাহী বিকটাঙ্গী তু বামকম্ । অঘোরা দক্ষিণাঙ্গুষ্ঠং ঘোররূপা তু তর্জনীম্ ॥ ১০॥ মধ্যমাং রক্তকেশী চাহনামিকাং তু মহাবলা । মায়া কনিষ্ঠিকাং পাতু পর্বাণি বিষনাশিনী ॥ ১১॥ নখানি মে করালাস্যা বামাঙ্গুষ্ঠং মহোদরী । তর্জনীং রক্তচামুণ্ডী মেঘনাদা তু মধ্যমাম্ ॥ ১২॥ অনামিকাং রৌদ্রমুখী কালী পাতু কনিষ্ঠিকাম্ । পর্বাণি কালরাত্রির্মে নারসিম্হী নখানি মে ॥ ১৩॥ জটিলা দক্ষিণ কক্ষং বামকক্ষং পয়স্বিনী । বঙ্কা জ্বালামুখী পাতু হৃদয়ং কৃষ্ণপিঙ্গলা ॥ ১৪॥ নারায়ণী স্তনদ্বন্দ্বং রুদ্রাণী মস্তকাগ্রকম্ । জঠরং

ভদ্রকালী মে চণ্ডিকা উদরং তথা ॥ ১৫॥ তদ্দক্ষিণমনন্তা মে তদ্বামঃ ব্রহ্মবাদিনী । সাবিত্রী পাতু নাভিং মে গায়ত্রী মে কটিদ্বয়ম্ ॥ ১৬॥ ত্বরিতা পাতু মে গুহ্যং পৃষ্ঠভাগং শতাননা । যোগেশ্বরী গুদং পাতু জঘনং লোকমোহিনী ॥ ১৭॥ ঊরুযুগ্মং বসুমতীং চণ্ডমুণ্ডা তু জানুনী । জঙ্ঘে কাত্যায়নী পাতু গুল্ফে মহিষমর্দিনী ॥ ১৮॥ শাকম্ভরীং পাদপৃষ্ঠে গৌরী পাদাঙ্গুলীর্মম । সূক্ষ্মা পাদতলং পাতু পাদপার্ষ্বং ধনঞ্জয়া ॥ ১৯॥ সর্বাঙ্গং পাতু মে পুষ্টিঃ সর্বসন্ধিং মদপ্রিয়া । জ্বালিনী রোমকূপাণি বসুধারা ত্বচং মম ॥ ২০॥ বসুধা চর্ম মে পাতু রুধিরং মদনাবতী । তীব্রা মাংসদ্বয়ং পাতু ভেদো মে বিঘ্ননাশিনী ॥ ২১॥ মমাস্থি ভোগদা পাতু মজ্জাং পাতু পরাৎপরা । পঞ্চভূতং রতিঃপাতু শুক্রং মে কামরূপিণী ॥ ২২॥ মূলাধারমুমা পাতু স্বাধিষ্ঠানং চিদঙ্কুরা । অমৃতা মণিপূরং মেহনাহতং কমলেক্ষণা ॥ ২৩॥ বিশুদ্ধি পাতু মে নাদা(২থা) পাতু চাজ্ঞাং পরা মম । জাতবেদোঽগ্নিদুর্গা মে ব্রহ্মরন্ধ্রং সদাবতু ॥ ২৪॥ শূলিনৌ সকলং পাতু অনুক্তাঙ্গং মহাবলা । জাগরূকাম্ববস্থাসু মম পদ্মাবতী তথা ॥ ২৫॥ শঙ্করী পাতু মে পুত্রান্ পুত্রীং চ কমলাসনা । সহজান্ শাম্ভবী পাতু সুভগা সুমুখং মম ॥ ২৬॥ ব্যোমকেশী কুলদ্বন্দ্বং ইষ্টানুদুষ্টাপহারিণী । ভবনং ভুবনাকারা নগরং নগরেশ্বরী ॥ ২৭॥ দ্রাবিণী পাতু রাজ্য মে রাজানং ক্ষোভনাশিনী । রাষ্ট্রিং চ মহতী পাতু প্রজাং সর্ববশঙ্করী ॥ ২৮॥ শ্রীদেবী ধনধান্যং মে সর্বদা সর্বসম্পদঃ । ইতি গুহ্যং মহাবীর্যং দেব্যা কবচমদ্ভুতম্ ॥ ২৯॥ পাবনং সর্ববিজয়ং পরমায়ুষ্যবর্ধনম্ । অভেদ্যমতুলং নানাভূতপ্রেতনিবর্হণম্ ॥ ৩০॥ কিমত্র বহুনোক্তেন চতুর্বর্গফলপ্রদম্ । ত্রিসন্ধ্যং

যো জপেন্নিত্যং ন্যাসভাবব্যুতং শিবে ॥ ৩১॥ তস্য সর্বভয়ং নাস্তি বিজয় চ করস্থলে । কবচেনাইইবৃতো বিদ্বান্ স পূজ্যঃ সকলৈরপি । অনেনৈব শরীরেণ জীবন্মুক্তো ভবেচ্ছিবে ॥ ৩২॥ ইতি শ্রীশূলিনীকবচং সম্পূর্ণম্ ॥

শ্রীসৌভাগ্যকবচস্তোত্রম্

শ্রীসৌভাগ্যকবচস্তোত্রম্

॥ পূর্ব্বপীঠিকা ॥ কৈলাসশিখরে রম্যে সুখাসীনং সুরার্চিতং গিরীশং গিরিজা স্তুত্বা স্তোত্রৈর্বেদান্তপারগেঃ । প্রণম্য পরয়া ভক্ত্যা তমপৃচ্ছৎ কৃতাঞ্জলিঃ রহস্যং রক্ষণং কিং বা সর্বসম্পৎকরং বদ ॥ শ্রীশিবোবাচ - শৃণু দেবি! প্রবক্ষ্যামি যস্মাৎ ত্বং পরিপৃচ্ছসি যস্য শ্রবণমাত্রেণ ভবভীতির্ন জায়তে । এতৎ সৌভাগ্যকবচ রহস্যাতিরহস্যকং সৌভাগ্যকবচং দেবি! শৃণু সৌভাগ্যদায়কম্ ॥ বিনিয়োগঃ - অস্য শ্রীসৌভাগ্যকবচস্তোত্রস্য শ্রীআনন্দভৈরব ঋষিঃ । অনুষ্টুপ্ ছন্দঃ । শ্রীসৌভাগ্যসুন্দরী দেবতা । ওঁ ক্লীং সৌঃ বীজম্ । হ্রীং ক্লীং শক্তিঃ । আং হ্রীং ক্রোং কীলকম্ । সর্বসৌভাগ্যসিদ্ধ্যর্থে পাঠে বিনিয়োগঃ ॥ ঋষ্যাদিন্যাসঃ - শিরসি শ্রীআনন্দভৈরবায় ঋষয়ে নমঃ । মুখে অনুষ্টুপ্ছন্দসে নমঃ । হৃদি শ্রীসৌভাগ্যসুন্দরীদেবতায়ৈ নমঃ । গুহ্যে ওঁ ক্লীং সৌঃ বীজায় নমঃ । পাদয়োঃ হ্রীং ক্লীং শক্তয়ে নমঃ । নাভৌ আং হ্রীং ক্রোং কীলকায় নমঃ । সর্বাঙ্গে সর্বসৌভাগ্যসিদ্ধ্যর্থে পাঠে বিনিয়োগায় নমঃ । ষড়ঙ্গন্যাসঃ - করন্যাসঃ - ঐং অঙ্গুষ্ঠাভ্যাং নমঃ । ক্লীং

তর্জনীভ্যাং নমঃ । সৌঃ মধ্যমাভ্যাং নমঃ । ঐং অনামিকাভ্যাং নমঃ । ক্লীং কনিষ্ঠিকাভ্যাং নমঃ । সৌঃ করতলকরপৃষ্ঠাভ্যাং নমঃ ॥ অঙ্গন্যাসঃ - ঐং হৃদয়ায় নমঃ । ক্লীং শিরসে স্বাহা । সৌঃ শিখায়ৈ বষট । ঐং কবচায় হুং । ক্লীং নেত্রত্রয়ায় বৌষট্ । সৌঃ অস্ত্রায় ফট্ ॥ ধ্যানং - ঐহিকপরফলদাত্রীমেশানীং মনসি ভাবয়ে মুদ্রাম্ । ঐন্দবকলাবতংসামৈশ্বর্যস্ফুরণপরিণতিং জগতাম্ ॥ ১॥ ক্লীবত্বদৈত্যহন্ত্রী ক্লিন্নমনস্কাং মহেশ্বরাশ্লিষ্টাম্ । ক্লৃপ্তজনেষ্টকর্ত্রীং কল্লিতলোকপ্রভাং নমামি কলাম্ ॥ ২॥ সৌভাগ্যদিব্যকনিধিং সৌরভকচবৃন্দবিচলদলিমালাম্ । সৌশীল্যশেষতল্লাং সৌন্দর্যবিভামঞ্জরীং কলয়ে ॥ ৩॥ পাশপাণি সৃণিপাণি ভাবয়ে চাপপাণি শরপাণি দৈবতম্ । যৎপ্রভাপটলপাটলং জগৎ পদ্মরাগমণিমণ্ডপায়তে ॥ ৪॥ হেমাদ্রৌ হেমপীঠস্থিতামখিলসুরৈরীড্যমানাং বিরাজৎ । পুষ্পেষ্বিষ্বাসপাশাঙ্কুশকরকমলাং রক্তবেষাতিরক্তাম্ ॥ ৫॥ দিক্ষূদ্যদ্দ্রিশ্চতুর্ভির্মণিময়কলশৈঃ পঞ্চশক্ত্যাঙ্ক্ষিতৈঃ স্ব । দ্রষ্টৈঃ ক্লৃপ্তাভিষেককাং ভজত ভগবতীং ভূতিদামন্ত্যযামে ॥ ৬॥ কবচস্তোত্রং - শিখাগ্রং সততং পাতু মম ত্রিপুরসুন্দরী । শিরঃ কামেশ্বরী নিত্যা তৎপূর্বং ভগমালিনী ॥ ১॥ নিত্যক্লিন্নাহবতাদক্ষং ভেরুণ্ডা তস্য পশ্চিমম্ । বহ্নিবাসিন্যবেদ্ বামং মুখং বিদ্যেশ্বরী তথা ॥ ২॥ শিবদূতী ললাটং মে ত্বরিতা তস্য দক্ষিণম্ । তদ্বামপার্শ্বমবতাৎ তথৈব কুলসুন্দরী ॥ ৩॥ নিত্যা পাতু ধ্রুবোর্মধ্যং ধ্রুবং নীলপতাকিনী । বামধ্রুবং তু বিজয়া নয়নং সর্বমঙ্গলা ॥ ৪॥ জ্বালামালিন্যক্ষি বামং চিত্রা রক্ষতু পক্ষ্মণী । দক্ষশ্রোত্রং মহানিত্যা বামং পাতু মহোদ্যমা ॥ ৫॥ দক্ষং বামং চ বটুকা কপোলৌ

ক্ষেত্রপালিকা । দক্ষনাসাপুটং দুর্গা তদন্যং তু ভারতী ॥ ৬॥ নাসিকাগ্রং সদা পাতু মহালক্ষ্মীর্নিরন্তরম্ । অণিমা দক্ষকটিং মহিমা চ তদন্যকম্ ॥ ৭॥ দক্ষগণ্ডং চ গরিমা লঘিমা চোত্তরং তথা । ঊর্ধ্বৌষ্ঠকং প্রাপ্তিসিদ্ধিঃ প্রাকাম্যমধরৌষ্ঠকম্ ॥ ৮॥ ঈশিত্বমূর্ধ্বদন্তাংশ্চ হ্যধোদন্তান্ বশিত্বকম্ । রসসিদ্ধিশ্চ রসনাং মোক্ষসিদ্ধিশ্চ তালুকম্ ॥ ৯॥ তালুমূলদ্বয়ং ব্রাহ্মীমাহেশ্বর্যৌ চ রক্ষতাম্ । কৌমারী চিবুকং পাতু তদধঃ পাতু বৈষ্ণবী ॥ ১০॥ কণ্ঠং রক্ষতু বারাহী চৈন্দ্রাণী রক্ষতাদধঃ । কৃকাটিকাং তু চামুণ্ডা মহালক্ষ্মীস্তু সর্বতঃ ॥ ১১॥ সর্বসঙ্ক্ষোভিণীমুদ্রা স্কন্ধং রক্ষতু দক্ষিণম্ । তদন্যং দ্রাবিণীমুদ্রা পায়াদংসদ্বয়ং ক্রমাৎ ॥ ১২॥ আকর্ষণী বশ্যমুদ্রা চোন্মাদিন্যথ দক্ষিণম্ । ভুজং মহাঙ্কুশা বামং খেচরী দক্ষকক্ষকম্ ॥ ১৩॥ বামকক্ষং বীজমুদ্রা যোনিমুদ্রা তু দক্ষিণম্ । লসৎ ত্রিখণ্ডিনীমুদ্রা বামভাগং প্রপালয়েৎ ॥ ১৪॥ শ্রীকামাকর্ষিণী নিত্যা রক্ষতাদ্ দক্ষকূর্পরম্ । কূর্পরং বামমবতাৎ সা বুদ্ধ্যাকর্ষিণী তথা ॥ ১৫॥ অহঙ্কারাকর্ষিণী তু প্রকাণ্ডং পাতু দক্ষিণম্ । শব্দাকর্ষিণিকা বামং স্পর্শাকর্ষিণিকাহবতু ॥ ১৬॥ প্রকোষ্ঠং দক্ষিণং পাতু রূপাকর্ষিণিকেতরম্ । রসাকর্ষিণিকা পাতু মণিবন্ধং চ দক্ষিণম্ ॥ ১৭॥ গন্ধাকর্ষিণিকা বামং চিত্তাকর্ষিণিকাহবতু । করভং দক্ষিণং ধৈর্যাকর্ষিণী পাতু বামকম্ ॥ ১৮॥ স্মৃত্যাকর্ষিণ্যসৌ বামং নামাকর্ষিণিকেতরম্ । বীজাকর্ষিণিকা পায়াৎ সততং দক্ষিণাঙ্গুলীঃ ॥ ১৯॥ আত্মাকর্ষিণিকা ত্বন্যা অমৃতাকর্ষিণী নখান্ । শরীরাকর্ষিণী বামনখান্ রক্ষতু সর্বদা ॥ ২০॥ অনঙ্গকুসুমা শক্তিঃ পাতু দক্ষিণস্তনোপরি ।

অনঙ্গমেখলা চান্যস্তনোর্ধ্বমভিরক্ষতু ॥ ২১॥ অনঙ্গমদনা দক্ষস্তনং তচ্চূচুকং পুনঃ । রক্ষতাদনিশং দেবী হ্যনঙ্গঃমদনাতুরা ॥ ২২॥ অনঙ্গরেখা বামং তু বক্ষোজ তস্য চূচুকম্ । অনঙ্গবেগিনী ক্রোডমনঙ্গাস্যাঙ্কুশাইবতু ॥ ২৩॥ অনঙ্গমালিনী পায়াদ্ বক্ষঃস্থলমহর্নিশম্ । সর্বসঙেক্ষাভিণী শক্তির্হৃৎ সর্বদ্রাবিণী পরা ॥ ২৪॥ কুক্ষিং সর্বাকর্ষিণী তু পাতু পার্শ্বং চ দক্ষিণম্ । আহ্লাদিনী বামপার্শ্বং মধ্যং সম্মোহিনী চিরম্ ॥ ২৫॥ সা সর্বস্তন্তিনী পৃষ্ঠং নাভিং বৈ সর্বজৃম্ভিণী । বশঙ্করী বস্তিদেশং সর্বরঞ্জিনী মে কটিম্ ॥ ২৬॥ সা তু সর্বোন্মাদিনী মে পায়াজ্জঘনমণ্ডলম্ । সর্বার্থসাধিনী শক্তিঃ নিতম্বং রক্ষতান্মম ॥ ২৭॥ দক্ষস্ফিচং সদা পাতু সর্বসম্পত্তিপূরিণী । সর্বমন্ত্রময়ী শক্তিঃ পাতু বামস্ফিচং মম ॥ ২৮॥ পায়াৎ কুকুন্দরদ্বন্দ্বং সর্বদ্বন্দ্বক্ষয়ঙ্করী । সর্বসিদ্ধিপ্রদা দেবী পাতু দক্ষিণ বঙ্ক্ষণম্ ॥ ২৯॥ সর্বসম্পৎপ্রদা দেবী পাতু মে বামবঙ্ক্ষণম্ । সর্বপ্রিয়ঙ্করী দেবী গুহ্যং রক্ষতু মে সদা ॥ ৩০॥ মেঢ্রং রক্ষতু মে দেবী সর্বমঙ্গলকারিণী । সর্বকামপ্রদা দেবী পাতু মুক্ষং তু দক্ষিণম্ ॥ ৩১॥ পায়াৎ তদন্যমুক্ষং তু সর্বদুঃখবিমোচিনী । সর্বমৃত্যুপ্রশমনী দেবী পাতু গুদং মম ॥ ৩২॥ পাতু দেবী গুহ্যমধ্যং সর্ববিঘ্ননিবারিণী । সর্বাঙ্গসুন্দরী দেবী রক্ষতাদ্ দক্ষসক্থিকম্ ॥ ৩৩॥ বামসক্থিতলং পায়াৎ সর্বসৌভাগ্যদায়িনী । অষ্ঠীবং মম সর্বজ্ঞা দেবী রক্ষতু দক্ষিণম্ ॥ ৩৪॥ বামাষ্ঠীবং সর্বশক্তিঃ দেবী পাতু যুগং মম । সর্বৈশ্বর্যপ্রদা দেবী দক্ষজানুং সদাইবতু ॥ ৩৫॥ সর্বজ্ঞানময়ী দেবী জানুমন্যং মমাবতাৎ । অব্যাদ্ দেবী দক্ষজঙ্ঘাং সর্বব্যাধিবিনাশিনী ॥ ৩৬॥ তদন্যাং পাতু দেবী

সা সর্বাধারস্বরূপিণী । সর্বপাপহরা দেবী গুল্ফং রক্ষতু দক্ষিণম্ ॥ ৩৭॥ সর্বানন্দময়ী দেবী বামগুল্ফং সদাহবতু । পার্ষ্ণি মে দক্ষিণং পায়াৎ সর্বরক্ষাস্বরূপিণী ॥ ৩৮॥ অব্যাৎ সদা সদা পার্ষ্ণি সর্বেপ্সিতফলপ্রদা । দক্ষাঙ্ঘ্রিপার্শ্বং বশিনী পূর্বং বাগ্দেবতা মম ॥ ৩৯॥ সর্বং কামেশ্বরী চোর্ধ্বমধো বাগ্দেবতা মম । মোদিনী প্রপদং পাতু বিমলা দক্ষিণেতরে ॥ ৪০॥ অঙ্গুলীররুণা পাতু দক্ষপাদনখোজ্জ্বলা । তদন্যা জয়িনী পাতু সদা সর্বেশ্বরী মম ॥ ৪১॥ দক্ষবামপাদতলং কৌলিনী দেবতা মম । কুর্বন্তু জৃম্ভণা বাণাঃ ত্রৈলোক্যাকর্ষণং মম ॥ ৪২॥ মোহং সংহরতাদিক্ষুকোদণ্ডং ভৃঙ্গমৌবিকম্ । করোতু সততং পাশী বশীকরণমদ্ভুতম্ ॥ ৪৩॥ বিদধ্যাদঙ্কুশং নিত্যং স্তম্ভনং শক্রসঙ্কটে । পীঠং মে কামরূপাখ্যং পাতু কামান্তিকং মনঃ ॥ ৪৪॥ পূর্ণং পূর্ণগিরেঃ পীঠং কান্তিং মে জনয়েৎ সদা । জালন্ধরমন্যজালন্ধরপীঠং মে রক্ষতু ॥ ৪৫॥ সাযুজ্যে নিয়তাং প্রজ্ঞাং শ্রীপীঠং শ্রীকরং মম । কামেশ্বরী ত্বাত্মতত্ত্বং রক্ষেদ্ বজ্রেশ্বরী তথা ॥ ৪৬॥ বিদ্যাতত্ত্বং শৈবতত্ত্বং পায়াচ্ছ্রীভগমালিনী । কামং বিদ্যান্মহাশক্রনমৃতার্ণবমানসম্ ॥ ৪৭॥ ক্রোধং ক্রোধাপহা হন্যান্মন্যুং পৈতাম্বুজাসনম্ । লোভং চিদাসনং হন্যাদ্ দেব্যাত্মামৃতরূপভাক্ ॥ ৪৮॥ মোহং সংহরতাচ্চক্রং মদং মন্ত্রাসনং মম । মাৎসর্যং নাশয়েন্নিত্যং মম সান্ধ্যাসনং তথা ॥ ৪৯॥ আধারং ত্রিপুরা রক্ষেৎ স্বাধিষ্ঠানং পুরেশ্বরী । মণিপূরং মণিদ্যোতা পায়াৎ ত্রিপুরসুন্দরী ॥ ৫০॥ অব্যাদনাহতং ভব্যা নিত্যং ত্রিপুরবাসিনী । বিশুদ্ধিং ত্রিপুরা শ্রীশ্চ আজ্ঞাং ত্রিপুরমালিনী ॥ ৫১॥ ইডাং মে ত্রিপুরসিদ্ধা ত্রিপুরা চাপি

পিঙ্গলাম্ । সুষুম্নাং পাতু মে নিত্যা পায়াৎ ত্রিপুরভৈরবী ॥ ৫২॥ ত্রৈলোক্যমোহনং চক্রং রোমকূপাংশ্চ রক্ষতু । সর্বাশাপূরকং চক্রং সপ্তধাতূঁশ্চ রক্ষতু ॥ ৫৩॥ সর্বসঞ্জোক্ষাভণ চক্রং প্রাণাদ্যং বায়ুপঞ্চকম্ । সৌভাগ্যদায়কং চক্রং নাগাদ্যনিলপঞ্চকম্ ॥ ৫৪॥ সর্বার্থসাধকং চক্রং কারণানাং চতুষ্টয়ম্ । সর্বরক্ষাকরং চক্রং রক্ষতান্মে গুণত্রয়ম্ ॥ ৫৫॥ সর্বরোগহরং চক্রং পায়াৎ পুষ্টিকং মম । সর্বসিদ্ধিপ্রদং চক্রমব্যান্মে কোশপঞ্চকম্ ॥ ৫৬॥ সর্বানন্দময়ং চক্রং যশঃ কীর্তিং চ রক্ষতু । সৌন্দর্যং মন্মথঃ পায়াদ্ ধৃতিশ্চাপি রতিং মম ॥ ৫৭॥ প্রীতিং মে পাতু যা প্রীতিঃ রূপং পাতু বসন্তকঃ । সঙ্কল্পং কল্পকোদ্যানং মহালক্ষ্মী শ্রিয়ং মম ॥ ৫৮॥ কান্তিং কপালিনী রক্ষেৎ মন্দিরং মণিমণ্ডপঃ । পুত্রান্ শঙ্খ্যনিধিঃ পায়াদ্ ভার্যাং পদ্মনিধিস্তথা ॥ ৫৯॥ মার্গে ক্ষেমঙ্করী রক্ষেৎ মাতঙ্গী মুকুটং তথা । যোগিনী প্রকটাদ্যান্তা নবদ্বারাণি পান্তু মে ॥ ৬০॥ ভোজনে মামন্নপূর্ণা মাতঙ্গী ক্রীডনেঽবতাৎ । বনে রক্ষতু মাং দুর্গা জাগ্রতী দুষ্টনিগ্রহে ॥ ৬১॥ ত্রিধাঽহঙ্কারনৈষ্ঠুর্যদোষত্রয়ং মলত্রয়ম্ । ডাকিন্যা যোগিনীমুখ্যাঃ সংহরন্তু মমানিশম্ ॥ ৬২॥ ইচ্ছাশক্তির্গুরোর্ভক্তিং পাতু মে জ্ঞানমাত্মনি । জ্ঞানশক্তিঃ ক্রিয়াশক্তির্বৈরাগ্যবিষয়েষ্বপি ॥ ৬৩॥ হৃৎপদ্মকর্ণিকামধ্যে হ্রীঙ্কারী পরিরক্ষতু । বৈখরী শ্রবণং পাতু মধ্যমা মননং পুনঃ ॥ ৬৪॥ যোগং রক্ষতু পশ্যন্তী সাক্ষাৎ জ্ঞানপরা মম । ব্রহ্মাণী জাগৃতং পাতু শয়ানং বৈষ্ণবী তথা ॥ ৬৫॥ সুষুপ্তৌ চণ্ডিকা পাতু তুর্যা মে মোহকারিণী । সদা মাং ভৈরবী পাতু জগদ্ধরণপণ্ডিতা ॥ ৬৬॥ চরণাম্ভোরুহানন্দপরামৃতরসেরিতা । প্লাবিনী

কুণ্ডলী পূর্ণা অন্তরান্তঃ সদাহবতাৎ ॥ ৬৭॥ অষ্টদিক্ষু মহেন্দ্রাদ্যা সায়ুধাঃ পান্তু সর্বদা । পায়াদূর্ধ্বা দিশং ব্রহ্মা বিষ্ণুশ্চক্রায়ুধোপ্যধঃ ॥ ৬৮॥ অনাবৃত্তানি স্থানানি কবচেন তু যানি মে । তানি সর্বাণি রক্ষন্তু শিবাদ্যা গুরবঃ সদা ॥ ৬৯॥ ফলশ্রুতিঃ । এতৎ সৌভাগ্যকবচং শাঙ্করং যস্তু পাঠয়েৎ । ত্রিসন্ধ্যং যঃ পঠেদ্ ভক্ত্যা শৃণুয়াদ্ বা সমাহিতঃ ॥ ১॥ তস্য শীঘ্রেণ সিধ্যন্তি সিদ্ধয়স্ত্বণিমাদয়ঃ । গুটিকাপাদুকাদ্যষ্টসিদ্ধয়ঃ সম্ভবন্তি চ ॥ ২॥ বশ্যাদীন্যষ্টকর্মাণি যোগশ্চাষ্টাঙ্গসংযুতঃ । ব্রহ্মাবিষ্ণুগিরীশেন্দ্রকন্দর্পরতিভিঃ সহ ॥ ৩॥ বিচরন্তে তদখিলান্ সিদ্ধগন্ধর্বসেবিতাঃ । তস্য স্মরণমাত্রেণ গ্রহভূতপিশাচকাঃ ॥ ৪॥ কীটবৎ প্রপলায়ন্তে কষ্মাণ্ডা ভৈরবাদয়ঃ । তস্যাঙ্ঘ্রিতোয়পতনাৎ প্রশাম্যতি মহারুজাঃ ॥ ৫॥ তৎপাদকমলাসক্তরজোলেশাভিমর্শনাৎ । বশ্যং ভবতি শীঘ্রেণ ত্রৈলোক্যং সচরাচরম্ । আবালমহিলাভূপাঃ কিমু মায়াবিমোহিতাঃ ॥ ৬॥ ॥ ইতি বামকেশ্বরতন্ত্রে নিত্যাষোডশিকার্ণবে শ্রীসৌভাগ্যকবচম্ ॥

রাজা বা আধিকারিক বশীকরণ

ওম্ হ্রিং ক্লিং অমুকস্যা মহিপাল বাস্যতে মানায় ফট স্বাহা

73 দিনের জন্য 1000 জপ